国家社科基金青年项目——"嵌入"视角下农村信贷契约的共同治理机制研究（项目号：15CGL015）

社区网络组织
小农户组织化的路径分析

Inter-Organizational Networks
In The Community

An Analysis on the Organization of
Small Agriculture Households

杨 帅◎著

人民出版社

目　录

前　言

　　中国共产党第十九次全国代表大会提出要实施乡村振兴战略，并提出了"实现小农户和现代农业发展有机衔接"的具体要求。在人口与资源紧约束下小农经济将长期存在，是我国农业农村领域内的一个基本国情。因此，探索小农户如何与现代农业发展有机衔接，或者说小农经济如何融入现代市场经济体系，在理论上和实践中都是一个重大问题。当前，小农经济市场化进程又进入了一个至关重要的历史节点。一方面，乡村发展的宏观环境发生了极大改变：随着宏观经济领域投资过剩的问题日益突出，以及国家乡村振兴战略的实施，大量资本纷纷进入农业投资领域；另一方面，农村劳动力规模从 2006 年年末的 4.79 亿人下降到 2016 年年末的 3.14 亿人，同期老龄劳动力比重从 2006 年年末 51 岁以上占 25%，上升到 2016 年年末 55 岁以上占 33.6%；[①] 2017 年年末农村青壮年劳动力中约有 2.88 亿人以流动农民工的形式外出务工。[②] 农业经营主体弱化趋势明显。在国家战略导向下，以及劳动力流出和资本涌入这内外两个潮流交织作用的背景下，农村市场化建设将走向何方，小农经济何去何从？

---

　　① 　数据来源：2006 年数据来自国家统计局：《第二次全国农业普查主要数据公报》（第五号），国家统计局官网，2008 年 2 月 27 日；2016 年数据来自国家统计局：《第三次全国农业普查主要数据公报》（第五号），国家统计局官网，2017 年 12 月 16 日。
　　② 　数据来源：国家统计局：《中华人民共和国 2018 年国民经济和社会发展统计公报》，国家统计局官网，2019 年 2 月 28 日。

一、对小农经济发展方向的两种典型认识

对于小农经济发展方向，"自由市场论"和"小农合作论"提供了两种截然不同的思路。[①]

"自由市场论"是在西方主流经济理论体系下派生出来的一种农业发展观点，认为小农经济向现代市场经济改革，以土地所有权为核心的农村资源要素的产权改革是关键。只要土地产权进一步明晰直至私有化，市场便可以自发地调节流转形成足够大的经营规模，并吸引有经营能力的主体进行长期的投入，实现农业生产经营的效率。最终目标是使农业实现资本主义企业式的经营。显然，大多数国家都难以具有"自由市场论"所要求的资源条件，如英国 18 世纪农业革命时期农场平均面积 125 英亩，美国到 2007 年时农场平均规模是 447 英亩。[②] 世界银行（2008）[③] 的年度报告指出：当前，在发展中国家以农业维持生计的 25 亿人口中，"15 亿人所在的家庭属于小农经营"。显然，在人口资源紧约束下，以及农村特殊的社会环境中，这种通过土地所有权大规模流转集中实现农业效率的思路是不切实际的。

"小农合作论"认为：在保持小农家庭生产的基础上，推动农户在经营流通领域形成自主合作，然后以合作组织作为桥梁来对接市场，解决小农分散经营与外部市场之间的结构性矛盾，才是小农经济市场化改革应遵循的方向。简言之，农村市场化改革的重点不是所有权的私有化，而是如何推动小农的组织化。例如，在 20 世纪 20 年代，苏联

[①] 也有学者如贺雪峰将长期以来的争论概括为自由市场派、主流政策派和小农经济派。参见贺雪峰：《当前中国三农政策中的三大派别》，《澎湃新闻网》2015 年 2 月 11 日。

[②] ［美］黄宗智：《中国的隐性农业革命》，法律出版社 2010 年版，第 27 页。

[③] 世界银行：《2008 年世界发展报告：以农业促发展》，胡光宇、赵冰译，清华大学出版社 2008 年版，第 3 页。

学者 A. 恰亚诺夫（1996）[①] 提出了生产领域的合作制和流通营销领域
的纵向一体化的思路。尽管建立了农户决策模式的理论模型，也有村
庄合作的历史经验作为依据，但"自主组织化"的观点仍备受主流理
论的质疑，因为在主流经济学的框架内，它难以回答农户自主合作如
何解决集体行动中的协调成本高、决策效率低的问题。

二、两种认识在历史、逻辑及方法论上的差异

　　深入地看，"自由市场论"和"小农合作论"形成不同的认识，是
由于背后参照了不同的历史经验和理论体系。

　　"自由市场论"将工业革命时期的英国和后来的美国农业发展经验
作为其立论的历史依据，并以同时代背景下先后产生的古典经济学和
新古典经济学作为其理论依据。二者结合便形成了一个逻辑自洽的农
业发展理论体系。随着新古典主义经济学的兴起，以及新自由主义成
为西方主流意识形态，"自由市场论"迅速传播到广大发展中国家。因
此，从研究性质上看，"自由市场论"更多是作为一种规范性的研究而
存在。

　　"小农合作论"参照的是 19 世纪末至 20 世纪初期的俄国农村的现
实，以及中国农村传统的发展过程。两者共同的历史经验是：同样都
因为人口过密而稀释了农业增长的成果，因而并没有出现大型资本主
义农业。就理论体系而言，"小农合作论"最有说服力的在于其实证部
分。恰亚诺夫在 1925 年建立的家庭内部的"劳动—消费"均衡决策模
型，不仅准确地描述了俄国"农村公社"制经济，也符合中国传统
"小农村社制"经济的特点。坚实的实践基础成为"小农合作论"者批
评"自由市场论"的最有力根据。然而，"小农合作论"所主张的合作

---

① ［俄］A. 恰亚诺夫：《农民经济组织》，萧正洪译，中央编译出版社 1996 年版。

化却始终未能进入主流经济理论的体系。

除了存在历史与逻辑上的差别，"自由市场论"和"小农合作论"还存在方法论上——个体主义还是集体主义的差别。从新古典经济学派生出来的"自由市场论"，自然秉持了个体主义下的"成本—收益"分析方法。而"小农合作论"的理论根源，一方面，来自农业合作社理论；另一方面，来自中国传统乡土社会的研究。对于农业合作社理论，研究者们在分析微观的合作机制时，大多使用个体主义的分析视角，特别是引入了博弈论的分析工具后，个体主义分析的特点更加明显；而在用合作文化、利他主义精神等来解释集体行动时，研究者们往往又会采用集体主义的分析方法。对于传统乡土社会合作实践的研究，则基本上使用的是集体主义的分析方法，这就使得"小农合作论"本身缺乏统一的方法论根据。方法论上的不统一，也成为"小农合作论"不能与主流微观经济理论融合的重要原因。

尽管如此，由于"小农合作论"更多地照顾到了现实条件，所以无论在研究领域，还是在政策领域，都获得了充分的重视。存在的分歧仅在于小农合作具体应采用什么样的形式。这就更需要进一步从理论上厘清小农经营组织中的相关问题。

因此，本书采取一种直面现象的研究态度，即回到小农经济在市场中的交易活动本身，结合交易主体自身的特点，来分析有效的农业生产经营组织方式。

三、契约观与小农经济市场化发展

当我们将考察的原点放回到农业经济领域的交易活动本身，我们就必须要考虑两个问题：一是当前农村的基本经济制度，这是基本的约束条件，也是本书立论的前提，并贯穿于全书的分析中，在此不赘述。二是农业领域市场交易活动的特点，这要求我们在具体分析中，必须考虑交易费用问题。这也意味着我们必须放弃新古典经济学的分析范式，而要借鉴新制度经济学的分析范式。同时，为了尽可能地保持逻辑起点与历史起点的一致，我们将以农业交易主体当前的行为特征为出发点进行分析。

科斯（Coase，1937）提出了交易费用的概念[①]，并从契约的角度对企业在配置资源方面的功能加以分析；之后，威廉姆森（Williamson，1996）[②] 进一步将交易费用的分析细化，形成了交易费用经济学（TCE）的基本框架，并进一步扩展了对资源配置方式的认识。其主要思想是：市场、企业以及介于二者之间的网络结构，都是配置资源的方式，至于现实经济活动中采用哪种方式更为有效，则取决于交易活动中契约的特点。

按照交易费用经济学的框架来看，"自由市场论"主张的是传统的"市场—科层"二分框架下的治理结构，即通过生产要素的流转和集中，形成有效的经营规模；规模化的农场或农业企业替代了小农户，由这些规模生产主体在市场中自由交易，从而解决传统小农经济与现代市场之间的结构性问题。但是，"自由市场论"同其依据的新古典主义经济学一样，只是把农场或农业企业当成了一个生产函数，并没有考虑农业契约的资产专用性特点、交易频率、交易收益等问题，以及一体化后的收益是否可以与其节约的交易费用在边际上达到均衡。事实上，很多新制度学派的学者，如周其仁（1995）[③] 等，都指出了在农业生产中难以形成有效激励，以及监督的困难。因此，当我们在新制度经济学的范式下，结合农业自身的特性进行分析时，结果就不像"自由市场论"所描述的那样简单和乐观了。"市场—企业"二分的治理结构往往是失效的（对于这个问题，第一章将会详细论述）。

---

① Coase R., "The Nature of the Firm", *Economica*, Vol. 4, 1937, pp. 386 - 405.

② Oliver E. Williamson, *The Mechanism of Governance*, New York：Oxford University Press, 1996.

③ 周其仁：《中国农村改革：国家与土地所有权关系的变化》，《中国社会科学季刊》1995 年第6 期。

进一步地看，当"市场—科层"二分的框架不能奏效时，我们就需要转向"市场—网络—科层"三分框架下的分析了。从这个角度看，"小农合作论"者所主张的小农的合作化，其实是介于"市场—科层"之间的一种网络化的治理结构。小农户与他们的合作组织之间，既不是在市场中简单签订商品和劳务契约，也没有用要素契约连接成为一个科层组织，而是一种网络化的治理结构。当然，农业领域的网络治理结构并不只有这一种形式。农户与某些特殊的龙头企业间同样也可以形成网络治理结构。我们将这些网络化的治理形式统称为"农业网络组织"。

从交易费用经济学的理论框架分析，网络组织是适合农业契约特点的一种组织方式。因此，我们可以在新制度经济学这个主流的理论框架下，来分析现实中有效率的组织方式。但随之而来的问题是，对网络化治理结构，主流经济学自身尚未形成完整的解释。

目前，对网络治理结构，很多研究都会使用社会资本的概念，但存在以下两方面问题。

一方面，从理论上来看，社会资本本质上（或者说大部分研究者在使用这个概念时）是结构主义的。因此，用社会资本来解释农业网络组织治理机制时，又与交易费用经济学的个体主义视角产生了方法论上的冲突。也因此，能否化解这个方法论上的冲突，成为能否将农业网络组织治理最终纳入主流理论体系的关键。事实上，社会资本是一个笼统的概念，它包含了个体层面、结构层面以及社会层面三个不同层面的含义。对个体层面的社会资本自然采用的是个体主义分析方法，而结构层面和社会层面的社会资本却是结构主义的。因此，社会资本理论本身也包含着方法论上的个体主义和结构主义之间的冲突。对此，一些研究者提出了"嵌入"的概念，试图通过将个体行动"嵌入"到特定社会结构中来进行分析的方式，以在个体与结构之间架起一座沟通的桥梁。但是从逻辑上看，当强调结构对个体行为产生影响时，必然又不可避免地回到了结构主义。

面对这种困境，本书采取直面现实的研究态度。回到农村中的交易活动和农业契约中，借鉴"嵌入"的视角，考察三个不同层面的社会资本，对农业网络组织中相应的契约产生的影响，分别是关系性嵌入（个体层面的社会资本）与受个体关系影响的农业契约、结构性嵌入（结构层面的社会资本）与受结构影响的农业契约、社会性嵌入（社区层面的社会资本）与受社区影响的关系契约。特别是，从农村实际出发，侧重关注社区对农业契约的影响，并提出了社区网络组织的概念。

另一方面，从实践来看，社会资本总是内生于一定的网络结构中的。在现代商业环境中，是否必然能形成这样的网络结构，以及形成相应的社会资本，很难从外部加以控制，这种内生性会影响其解释结论的普遍性。但在农村社区中，社会资本的存在却是一个普遍的事实，仅仅是存在存量大小的差异，以及如何在现代市场经济中扬弃的问题。因此，将农村社区纳入分析，是解决问题的一种务实态度，也是本书的一个特点。

这样，就解决了单从形式逻辑上出发存在的方法论冲突和内生性问题。至此，我们可以从方法论和理论逻辑上，将社区网络组织的分析统一到交易费用经济学的框架下，为实践中出现的有效的农业生产组织方式找到主流理论的依据。在书中，笔者还将在新制度经济学的框架下，详细地论证社区网络组织的履约机制、产权结构以及治理结构，并结合实践中出现的不同类型的社区网络组织案例加以分析。明确了这些，对于小农经济市场化进一步发展的方向，也就不言自明了。

第一章 为什么社区网络组织更适合小农经济？

第一节 农业契约的特点

对于农业契约特点的考察，需要建立在对农业自身特点和交易双方状况准确认识的基础上。从对契约的影响而言，农业呈现出两个最基本的特点：一是农业面临着高度的自然风险和市场波动风险；二是农业生产中的投入往往具有高度的专用性。而就农业交易的双方而言，由于交易对象量大分散而造成信息的高度不对称，也使得交易主体的机会主义行为更加难以遏制。

一、农业：风险和资产专用性特点

1. 农业的风险

农业生产过程中面临的自然风险和农产品销售中面临的市场风险，是极为普遍的现象。这对农业契约从签约前的谈判、签约到执行的各个环节都产生了影响。

农业生产中的自然风险往往是不可控的。某些类型的风险可以根据以往数年的产品预估一个产量平均值，或是根据以往数据序列测算出一个风险发生的概率，比如自然气候条件的变化等。另一些类型的风险却带有极大的偶然性和难以预测性，比如病虫害暴发对种植业产生的影响、疫病对养殖业产生的影响等。这些不可控的自然风险因素虽然可以在事前的谈判中就有所预料，签约时往往也会规定相应的风险分担及免责条款，但毕竟难以准确地估计风险的程度及产生的实际影响，所以往往不可能靠一纸合同来详尽完备地列举所有可能的情形。

至于农产品销售中面临的市场风险，对农业契约的影响更为突出。市场风险主要是指供需失衡而导致的价格大幅度波动。对于这种供需失衡带来的市场波动，经典的蛛网模型预测了若干个周期后的三种波动趋势：发散（产量和价格波动越来越大）、收敛（产量和价格波动越来越小）和均衡（产量和价格达到均衡）。刘凤芹（2003）据此指出，前一种情况将会使缔约双方面临更大的价格波动风险，后两种情况下达到均衡也需要经过若干个周期的调整，而缔约双方在当期仍要面临相当大的风险。[1] 实际上，由于农业生产的长周期性和对季节农时的要求，一旦投入后很难再有条件进行适应性调整。一季歉收、全年挨饿就是最形象的描述。因此，市场波动风险对农业契约主体决策的影响尤为关键，甚至是决定性的。

市场波动风险产生的根源在于市场供需信息的不对称或不充分，为降低这种风险，往往需要支付高昂的信息搜寻费用。但在小农经济条件下，经营主体数量众多、经营规模小，且分散在广大的农村地域中，要靠生产者自身来准确采集信息几乎是不可能的。而且，随着农产品跨区域流通及反季节供应日益普遍，农产品供需的市场信息更加难以捉摸，更加大了信息搜集的难度。在这种情况下，大多数时候经营者都是根据往年的情况，靠直觉和经验判断来决定当年的投入。

随着农业产业化的推进，一些地方出现了作为农产品集散中转地的区域性专业市场，对周边区域农户形成带动作用；一些地方是由地方政府引导农户连片大面积种植某种单一类型的作物。从理论上讲，

---

① 刘凤芹：《不完全合约与履约障碍——以订单农业为例》，《经济研究》2003 年第 4 期。

一方面，由专业市场或地方政府作为规模主体，更有条件准确搜集和发布市场供需信息。但另一方面，一旦发生市场波动，波及的范围和影响的程度将更为深远。专业市场作为集散流通中心，扩大了市场规模，有利于在更大的范围内调节市场供需平衡，但由于种植的专业性和规模较大，一旦出现更大面积的供需失衡，生产者遭受的损失将更为惨重。前些年网络上流行的"蒜你狠""姜你军"等报道，都是对这种放大了的市场风险的佐证。

专栏1-1：猪肉价格波动案例

人民网北京2019年8月8日电 （记者张桂贵、初梓瑞）猪肉是重要的"菜篮子"产品，其价格涨跌也备受消费者关注。近期有消费者向人民网反映北京市场的猪肉价格连续看涨。

......

据农业农村部监测，6、7月份以来，全国生猪价格持续上涨。7月29日至8月4日，全国规模以上生猪定点屠宰企业生猪平均收购价格为19.28元/公斤，较前一周上涨2.44%，较2018年同期上涨42.39%。白条肉平均出厂价格为24.62元/公斤，较前一周上涨2.03%，较2018年同期上涨36.93%。

......

但为何价格抑制不住？在新发地市场相关负责人告诉记者，立秋前后贴秋膘的"节日效应"，是拉动猪肉阶段性上涨的原因之一。该负责人解释，通常的情况下，白条猪的批发价在每年的中秋节前后都会出现上涨，出现一个阶段性的高点，今年也不例外。这是因为：北方地区有立秋"贴秋膘"的习俗，在立秋当日多多少少的都要食用一些酱肉、炖肉制品，熟食加工厂也会在立秋之前加工制作大量的熟食肉制品，同时从市场上采购大量的分割肉，拉动大量需求。

此外，该新发地市场人士分析表示，2018年8月以来非洲猪瘟疫情是促使猪肉价格上扬的一个大背景原因。

农业农村部市场与经济信息司司长唐珂在分析2019年上半年重点农产品市场运行形势时也表示，2018年第四季度以来，生猪和能繁母猪的产能持续下降，猪肉市场供给偏紧的效应近期开始集中显现，预计下半年猪肉供需关系将持续紧俏。

未来猪肉价格趋势如何，有否抑制措施？唐珂建议增加禽肉、鸡蛋、牛奶等畜禽产品产量，加快消费结构调整，保证肉类市场总体供给稳定。

更进一步，中央农村工作领导小组办公室副主任、农业农村部副部长韩俊日前在接受人民日报社记者采访时表示，针对猪肉价格上涨，市场供给阶段性偏紧的情况，中央已出台扶持政策，引导鼓励补栏增养。同时，中国正增加猪肉进口，很多国家都有向中国增加猪肉出口的意愿。韩俊认为，总体来看我国农产品供给有保障，食品价格上涨可控。

……

资料来源：《猪肉价格上涨？专家解读此乃阶段现象》，人民网，2019年8月8日。

对于这种市场风险，由于无法在事前准确预知，在签约中也就不可能详尽地列举了。这一方面会影响缔约双方在事前的投资决策，另一方面也会事后对合同的履行产生影响。最常见的情形是，当市场价格高于合同价格时，农户会有违约的激励，将产品偷偷卖给别人或是惜售；而当市场价格低于合同价格时，收购商会有违约的激励，以质量等其他理由拒绝收购或是压价收购，这都会带来事后的再次谈判。由于农业种植和农产品的特殊性，也很难对双方的违约行为进行判定和裁决。

因此，无论是自然风险还是市场波动风险，由于无法准确预知并列举所有可能发生的风险，在事后的执行中就留下了极大的再谈判的余地。农业风险在签约前的不可预知、合同中的难以列举，以及签约后的难以裁定，使其成为影响农业契约性质的一个最基本因素。

2. 农业投资的专用性

农业契约受到的另一个影响因素是农业投资的专用性。农业生产中所需要的土地、固定设施、大型机械设备等都属于长期性、专用性的投资。而且农业的资本有机构成越高，其专用性程度就越高。种子、化肥、农药等短期投资，以及劳动者的劳动投入也都凝结在最终产品中，由于农产品储存的期限限制和农业市场的不完全信息和不完全竞争的特点，使得生产者即便在供需均衡的正常波动范围内也只能成为价格的被动接受者。因此，农业生产者的这些投入一旦成形便被市场"套牢"，从这个意义上来说这些投入也就具有了相对的专用性。农业投入的专用性在那些专门性的商品经济作物的生产领域表现得更加明显。这也就使得农业生产中的那些短期投入或流动投入也成为一种专用性的投入。

专栏 1-2：玉米滞销案例

"这么漂亮的玉米咋没人收了呢？"记者深入黄淮北平原农村采访，见到不少农民对着满地满屋的玉米愁容满面，无计可施。"今年玉米价格太低了，现在只能卖到六七角钱一斤。"安徽宿州符离集镇梅庵村农民牛洪勋说，他家有 13 亩地，每亩收了 1300 多斤玉米。但由于价格较低，且无人上门来收，他只好把玉米晒干囤起来，看看等到春节能否涨回来。

一方面是玉米大量丰收，另一方面是收购价格一路下跌。牛洪勋说，今年农资普遍涨价，种一季玉米的投入比往年同期要增加 200 多元，农民本指望多卖些钱"对冲"农资涨价，哪知玉米持续滞销，价格一跌再跌。

"少数赶在10月10日之前卖给粮食经纪人的，每公斤晒干的达标玉米大约卖到1.65元，10月10日之后，每公斤优质玉米连1.4元也难卖到，而且越往后越没人要。然而，往年这样的玉米每公斤少说也要卖到2.32元。"宿州市埇桥区曹村镇张庄村农民姚远说，由于玉米价格一路下跌，越下跌越没有人来收玉米。不仅国有粮站、农产品加工企业不收，养殖场、饲料厂也不收，全靠粮食经纪人收购向外销售。然而，面对低迷的市场，粮食经纪人随意压级压价，多年未见的"卖粮难"等现象再次出现。

比起散户农民，种植大户更加焦急万分。虽然已经在收割的田里种上了小麦，但装满仓库的玉米至今还没能如愿出手。宿州埇桥区淮河农机专业合作社理事长李清武心里很着急。他告诉记者，2015年他流转土地2000多亩，收获360多万公斤玉米，10月10日前以每公斤1.65元的价格卖了一小部分给粮食经纪人，目前还有350万公斤玉米存在仓库中。

然而，玉米一天天掉价，让他忧心如焚。"按照成本测算，今年玉米每公斤低于2元出售我就得亏本，如果现在低价出手，100多万元要打水漂了。"李清武说，他和周边一些种粮大户会商，为避免损失，决定暂时不卖，希望后市能出现好转。不过，他们表示，这样做风险很大，一旦等不来行情好转，亏损将会更大。但事已至此，现在只能"赌一把"了。

……

如今的农村，多数农民家里都不具备储存和晾晒条件，玉米收获之后须尽快出售。很多人一忙完农活还要外出打工，不能耽搁时间。种植大户更是急需资金兑现，投入下一季的农业生产，如果滞销压力超过他们的承受力，容易引发土地流转违约率的大幅提升，直接受损的将是流转土地的农民。在采访中，农民们纷纷渴望政府部门尽快出台相应对策,也希望媒体能呼吁粮食收购企业和农产品加工企业前来收购,帮助农民渡过难关。

资料来源:杨丹丹:《玉米滞销农民着急》,《农民日报》,转引自人民网,2015年11月18日。

农业生产中的专用性投资的另一种情形是,当下游的农业企业或其他农业中介组织与农业生产者在签订订单农业时,为确保产品质量,企业前期会在育种、生产设施改进及田间管理技术等方面进行相应的研发投入,这些都属于中介组织所进行的专用性投入。这时农业生产者和中介组织双方都投入了具有很强专用性的资产。至于下游的农产品加工者投入的厂房、设备等固定投资,更是典型的专用性投资。

综上所述,农业生产的一个基本特点就是受到多重风险的影响,以及投入具有高度的专用性,这必然对农业契约产生根本的影响。

二、缔约双方(农户与中介):信息高度不对称

在小农经济环境中,由于生产者量大分散,造成了农业契约的缔约双方之间信息高度不对称。在信息不对称的情况下,往往会引起逆向选择和道德风险问题。具体地说,逆向选择是指当事人在事前隐藏知识或信息的行为,当合约的一方无法确知另一方与合约相关的知识或信息时,隐藏信息往往会在合约签订时给不知情的一方带来损失。经济学中典型的逆向选择问题就是二手车市场的例子:在二手车市场上,买者很难判断车过去的真实使用情况和质量情况。在农业契约中,诸如此类的逆向选择的例子也比比皆是。最常见的是关于农产品的质量引起的逆向选择问题,因为农产品质量的某些特征是很难从外观或通过检测来进行判别的。比如一种标示为有机产品的是否真的不曾使用化肥或激素,所谓的生态禽畜蛋鱼是否真的不是用非有机饲料喂养

的，或许只有吃到嘴里才能从口感上判别出明显差别，但这时为时已晚，消费者或收购者遭受的损失已无法挽回。同样，收购商也可以隐藏真实的市场信息而故意压低收购价格，使生产者遭受损失。

农业雇佣契约中的逆向选择问题也很常见，一个从事农业劳动的劳动者，除了其年龄、身体情况可以辨识外，其劳动经验、责任心等更为重要的能力却缺乏任何可以有效显示的信号，外来的主体由于缺乏对其过去信誉的了解，很难凭借什么可靠的信号来区分劳动者的劳动能力，这种劳动力市场上发生的逆向选择问题在任何领域都是一个普遍的现象。

在农村信贷契约签订时，逆向选择问题更为典型，农户家庭没有可供参考的财务账簿，而且由于农户居住得分散，对固定实物资产的评估和对贷款者真实用途的判断也很困难，一个借款者若不守信完全可以凭一座空的猪舍来声称自己贷款是为了投资购买猪种，而事实上他可能是为了别的用途。

道德风险是指代理人在事后隐藏自己行动的行为，这种行为会给委托人带来损失，但委托人又无法对其进行有效监督和约束。道德风险在签订了农产品预售协议的情形下比较普遍，比如当市场价格高于协议价格时，生产者可能隐藏实际产量，而将大部分产品转卖给其他收购者；反之，在市场价格低于协议价格时，投机者同样可能虚报实际产量，以获得更多的收益。隐藏产量的道德风险也可能发生在有特殊质量要求农产品的收购合约中，比如收购加工企业规定了特殊的质量要求，并且为规范生产进行了前期投入以达到这样的要求，由于这类产品价格往往高于市场价格，当最终产品质量难以判定时，投机者也有可能从他处购买同样外观的农产品来虚报产量。收购商在上述情形下同样可能出现道德风险的行为，当市场价格低于协议价格时，收购商也常常会以质量不达标为由拒收或者是压低收购价格。

在雇佣契约中，由于农业劳动过程监督的困难，几乎很难约束道德风险问题，特别是那些难以分割的劳动更是如此。

在农地租赁契约中，租地者在有限的租期内，不可能像土地所有者那样小心使用土地，并且注意用心养护培植地力，他很可能会竭泽而渔超负荷地使用地力，而土地所有者也难以对此进行有效的监督。

在农村信贷契约中，贷款者对贷款的实际用途很难监管，因此道德风险发生的可能性更大。

三、农业契约的不完备特性

农业自身的风险和资产专用性特点，以及交易双方的机会主义行为因信息高度不对称而难以有效遏制的问题，再加上农村特定的政治经济文化环境，决定了农业契约的如下特点。

一是契约的不完全性。关于契约的不完全性，科斯（1937）在他那篇开创性的论文《论企业的性质》中曾指出："由于预测方面的困难……对于买方来说，明确规定对方该干什么就越不可能，也越不合适。"[1] 此后，威廉姆森等也明确提到了契约的不完全性。按照哈特和霍姆斯特朗（Hart，Holmstrom，1987）的解释，所谓不完全合约，是指合约无法在事前完备无缺地规定当事人在未来所有可能承担的权利和义务，或者不存在一个公正的第三方可以无成本地保证契约得以执行。[2] 可以说，由于不可预见性、不可缔约性及不可证实性，现实中的契约大都是不完全的。

从这些定义来看，农业中的大多数契约都具有典型的不完全性。首先，由于双重风险的存在，使得农业生产经营中的不确定性大大增强，缔约双方很难在签约时就预料到未来可能发生的所有情况，不可

---

① Coase R. , "The Nature of the Firm", *Economica*, Vol. 4, 1937, pp. 386 - 405.

② Oliver Hart, Bengt Holmstrom, "The Theory of Contracts", in T. Bewley（ed.）, *Advanced in Economic Theory*, Cambridge University Press, 1987, Ch. 3, pp. 71 - 155.

预见性特点明显。其次，即便可以预料到风险状况，或者说可以将这些风险带来的不确定性通过稳定的概率转化为确定的条款，但由于农业生产和农产品的特殊性，很难在缔约时准确无误地规定关于生产流程和产品质量的所有细节，实际上双方的大多数诉求都是难以写进合约的。最后，由于农业契约的这些不确定性和缔约的困难，在双方机会主义难以得到有效遏制的情况下，违约的不可证实也就是必然的了。因此，在现实中，大多数农业契约都是不完全的。

二是契约的多样性和复杂性。既然大多数农业契约都是一种不完全契约，那么仅仅靠书面的一纸合约就很难保证农业交易的进行。这就决定了农业和农村中契约的多样性和复杂性。多样性是指在农业领域的契约既有正式契约，也有非正式契约；既有依靠法院或其他第三方来保障履约的契约，也有依靠自我履约协议保障的契约。农业交易中的风险和不确定性，以及信息不对称的特点，又决定了农业交易的复杂性。依靠单一的某种类型的契约很难保障履约，交易双方的行为既受到正式合约的规制和约束，也受到农村特定的社会习俗、非正式规范等机制的影响，更多时候农业领域的交易要靠这些契约的组合来保障履约。

第二节 "市场—科层"治理结构
在农业领域的失效

上面已经分析了农业契约的不完全性，对于契约不完全所产生的治理问题，威廉姆森等所开创的交易费用经济学做了详细的类型化研究。在科斯以前，人们所笃信的新古典经济学假定市场中的交易是无摩擦、没有交易成本的，价格机制总会使得不受限制的自由竞争市场体系实现最终均衡。而科斯通过对真实世界中的交易活动本身进行分析发现，价格机制的实施存在大量的成本，包括发现价格的成本、谈判签约的成本以及利用价格机制的成本，这些成本都构成了经济活动的交易费用。当市场中的交易费用过大时，就会"通过建立一个组织并承认某种权威（企业家）来指挥资源的分配，会节省某些市场成本"[1]。这时，科层组织作为对市场的一种替代物便产生了，它通过等级化、指令化的协调机制替代了市场中的价格机制。当然，科层组织在节约市场交易费用的同时也会产生组织内部的管理成本问题，企业的边界就在对节约的市场交易费用和增加的管理费用的平衡中得到确定。于是，一个以交易费用为核心的"市场—科层"二分的框架便形成了。

在科斯提出交易费用的分析之后，以威廉姆森、克莱因（Klein，1980）[2] 等为代表的交易费用经济学又进一步将交易费用的分析细化和具体化。有限理性、机会主义行为和资产专用性是交易费用经济学的三个核心概念，并以此为基础形成了一个完整的逻辑框架：由于人是有限理性的，因此不可能预料将来可能发生的所有状况，也就无法以双方都不产生争议并能为第三方所证实的语言来形成契约，这造成了契约的不完全性。当契约不完全时，当事人的机会主义倾向会使交易双方陷入无休止的讨价还价，并使投入了专用性资产的一方在事后处于不利的谈判地位。交易费用经济学强调对专用性资产进行事后保护，可以通过市场、科层、混合形式（抵押、互惠、特许经营等）及官僚组织等多种治理结构来解决不完全契约中的"敲竹杠"问题，并根据契约的不同来匹配交易费用最小化的治理结构（杨瑞龙、聂辉华，2006）[3]。

而不同的契约类型又与当事人投入资产的专用性状况和交易频率密切相关，具体而言：不存在专用性投资的标准契约，即便发生争议

---

① 杨瑞龙、杨其静：《企业理论：现代观点》，中国人民大学出版社 2005 年版，第 31 页。

② Benjamin Klein, "Transaction Coast Determinants of 'Unfair' Contractual Arrangements", *American Economic Review*, Vol. 70, No. 2, 1980.

③ 杨瑞龙、聂辉华：《不完全契约理论：一个综述》，《经济研究》2006 年第 2 期。

也可以依靠法院来进行裁决，因此适合市场治理结构；当存在资产专用性，又难以依靠法院来裁决实施时，此时一种办法是依靠第三方（如仲裁、管制）来实施，另一种办法是实行双方治理或统一治理；当资产专用性程度较高，但交易频率较低，使得交易所得不足以支撑一种专门的治理结构时，就采用双方治理；而当资产专用性程度很高、交易频繁、交易所得收益足以支撑专门治理结构时，就采用统一治理，即企业（杨瑞龙、杨其静，2005）①。

上述交易费用的分析框架，也被用来分析农业领域的治理结构。包括市场自发交易、订单农业、"中介组织（及专业市场、基地）+农户"、农业纵向一体化等不同类型的农业经营组织体系（黄祖辉、王祖锁，2002②；胡新艳、沈中旭，2009③）。周立群、曹利群（2001）通过对农业产业化经营形式的考察，认为由于农业自身的特性，短期的商品契约和单纯的要素契约（一体化治理）难以发挥作用，而通过一定约束机制而形成的长期稳定的商品契约则要优于要素契约。④ 也就是说，单一的市场或科层的治理结构都难以适应农业契约的治理。以下对此进行详细分析。

一、市场治理在农业领域的失效

对于农业契约，市场治理结构的失效可以从两个层面来说明。

首先，众所周知，分散的小农生产者很难准确把握市场的供求信息，生产投入具有很大的盲目性，导致价格经常偏离均衡水平。而且，

---

① 杨瑞龙、杨其静：《企业理论：现代观点》，中国人民大学出版社 2005 年版，第 89 页。

② 黄祖辉、王祖锁：《从不完全合约看农业产业化经营的组织方式》，《农业经济问题》2002 第 3 期。

③ 胡新艳、沈中旭：《"公司＋农户"型农业产业化组织模式契约治理的个案研究》，《经济纵横》2009 年第 12 期。

④ 周立群、曹利群：《农村经济组织形态的演变与创新——山东省莱阳市农业产业化调查报告》，《经济研究》2001 年第 1 期。

由于农业生产周期较长，一旦投入生产很难及时再进行调整，使得农户生产决策对价格的反应又存在明显的滞后性。农业供需的信息不对称及农业生产自身的特点，导致农业市场很难达到一般均衡的状态。因此，仅仅依靠分散的农户和市场中任意的中介人自发形成的即时交易很难反映均衡的价格水平。于是，在这种即时性的短期契约模式下，以价格机制为核心的市场治理方式并不奏效。

其次，在市场治理结构中，农户与固定的中介组织签订的远期合约也很难得到有效的履约保障。原因在上面的分析已经指出：由于农业中的不确定性使得大部分契约都是不完全的，交易双方事后在机会主义驱使下陷入无穷无尽的讨价还价几乎是必然的；又由于农业生产投入的高度专用性，一旦出现争议，交易很难在市场中任意转换，而交易的复杂性又使得法律难以作出裁决。因此，这种靠远期合约形成的保障性的价格机制为核心的市场治理方式也难以奏效。

这在实践中有大量的例证，以 20 世纪 90 年代中后期兴起的订单农业为例，违约率高达 80% 以上（刘凤芹，2003）[1]。大量的研究都指出了这种保障性的价格机制的无效性。例如，生秀东（2007）指出由于外部环境的复杂多变及人的有限理性，作为缔约双方的农户难以准确预见未来的价格变化及未来可能发生的一切事件，因而难以详尽和精确地制定契约条款，为了降低交易费用，便粗略签订一个契约。[2] 王春华、王卫华（2003）[3]、梁静溪（2007）[4] 的研究指出，形成农业订单合约的不完全性的原因包括：生产过程的自然特性带来的不完全性，农产品及其生产资料的描述困难带来的不完全性，不完全信息和机会

---

① 刘凤芹：《不完全合约与履约障碍——以订单农业为例》，《经济研究》2003 年第 4 期。
② 生秀东：《订单农业的契约困境和组织形式的演进》，《中国农村经济》2007 年第 12 期。
③ 王春华、王卫华：《农业订单的不完全性及败德行为分析》，《中国农业大学学报（社会科学版）》2003 年第 4 期。
④ 梁静溪：《不完全订单农业合同的自我履行机制》，《学术交流》2007 年第 6 期。

主义行为带来的不完全性等。刘凤芹（2003）①则从缔约环境考察了农业订单合约不完全性的成因，包括：农产品面临经营风险与交易成本，农产品交易各方的信息高度不对称。购销风险和价格风险的不可控源于市场信息不完全，而要获得这些信息需要支付高昂的信息搜寻费用以至于无法实现。而缔约双方的机会主义在信息不对称时也会引发道德风险和逆向选择问题。王慧（2005）的研究指出，公司与农户间合约因具有"注定不完全合约"的特点，因而不能用规范合约条款等针对"通常意义上"的不完全合约的办法来克服。②

对于松散型的"龙头企业 + 农户"形式，周立群、曹利群（2001）③通过对山东省莱阳市农业产业化案例分析后认为，由于"龙头企业 + 农户"的订单农业中内在的契约不完全和双方的机会主义行为，造成了农业契约的不稳定和缺乏约束力；另外，很多学者都对订单农业中的因合约不完全性形成的违约问题进行了研究。

对于专用性问题，王慧（2005）④的研究指出农业生产中的化肥、农药、农业机械、设施以及种养殖知识等都是专用性资产投资，在有"敲竹杠"风险的情况下，合约的不完全会导致农业中的这些专用资产投资不足。

总之，无论是理论逻辑还是真实经验，都表明单单依靠市场自发治理的方式，很难保证农业契约的履约。

二、科层治理在农业领域的失效

既然在农业领域，单一地靠市场治理难以适应契约不完全带来的

---

① 刘凤芹：《不完全合约与履约障碍——以订单农业为例》，《经济研究》2003 年第 4 期。
② 王慧：《"公司 + 农户"契约特点与履约障碍》，《经济视角（B 版）》2005 年第 5 期。
③ 周立群、曹利群：《农村经济组织形态的演变与创新——山东省莱阳市农业产业化调查报告》，《经济研究》2001 年第 1 期。
④ 王慧：《"公司 + 农户"契约特点与履约障碍》，《经济视角（B 版）》2005 年第 5 期。

问题，那么，交易双方一体化为一个科层组织（企业）是否就能够解决这些问题呢？

对于企业本质的认识，科斯开创的交易费用理论和完全契约视角下的团队生产理论分别给出了两个不同的解释视角。交易费用理论着重强调，相对于市场，企业的比较优势在于使各种契约关系稳定化而节约了市场中的交易费用。而团队生产理论强调组织的优势在于，团队的总生产率要大于个体分产出之和（A. 阿尔钦、H. 德姆塞茨，1972；A. 阿尔钦，1994①）。应该说，团队生产理论在一个更为微观和具体的角度解释了企业组织存在的经济含义，将组织的分析又向前推进了一步。

契约理论和团队生产理论在指出组织相较于市场的优势时，同时也都指出了其会带来的新"问题"，如：科斯指出的组织作为一种指令性的科层体系产生的内部管理费用；团队生产理论指出的团队成员的边际产出难以测定而会出现的偷懒问题。在古典的企业里，减少偷懒的方式是引入专门的监督者来对成员的生产过程加以监督。在现实中，为了便于监督，管理者想出了计件制、泰罗制、流水线生产等诸多用于使生产过程标准化、透明化的方法。

这些方法在一个历史时期内提高了企业组织的生产效率。且不说其使得工人被工具化，带来社会伦理上的争议，单就其本身的监督效率来看，随着现代生产技术的进步和组织体系的日益复杂化，这种纯技术化的监督也越来越难以与现实相适应，并不是所有的"偷懒"行为都可以置于监督者的眼下。相对于这种机械的监督方式，组织更需要成员主观上的全心投入。一系列用于对员工实施激励的制度逐渐开始引入，比如所有权延伸原则下的员工持股激励、员工工资与企业效率挂钩以弥补市场定价的不完全、企业的利益相关者共同治理理论，以及企业文化建设、通过培养成员崇高和利他的价值来激发其主观投入意愿等。

① ［美］A. A. 阿尔钦：《产权：一个经典注释》，载［美］R. 科斯、A. 阿尔钦、D. 诺斯等：《财产权利与制度变迁——产权学派与新制度学派译文集》，上海人民出版社1994年版。

企业组织在促进工业生产和现代经济效率上的成功，使得许多人相信只要引入这种组织，同样可以解决农业与传统部门的发展问题。但近现代以来长达百年的实践却向人们表明，农业生产领域引入现代组织时并无法实现有效监督和激励。究其原因，在于农业很难像工业企业那样实现标准化的生产。农业生产过程与自然过程高度合一，与自然界的水土光热风雷等条件都息息相关，而且空间分布广泛。这使得农业在绝大多数情况下都不可能像工业那样实现车间化的生产。

不仅如此，在农业生产中引入科层组织还会带来新的问题：组织中的监督和激励，必然引起新的组织成本，对这些成本的支付源于对剩余的重新分配。这对于收益率本来就低下的农业领域来说，是难以实现的。

此外，建立在提高资本有机构成基础上的劳动产出率的提高，所需要的资源条件在大多数国家都难以实现。从世界范围来看，只有美国、加拿大等少数国家能够在农业大规模化的基础上实现企业化经营；即便是在人口经历了几个世纪外移的欧洲，至今也未能实现自由市场体系下的公司化经营；而大多数国家和地区，包括东亚、南亚、撒哈拉以南非洲等广大地域的农业仍然是小农家庭小规模耕作，至今难以走出发展困境。

因此，靠引入科层组织，形成大规模农业企业的方式，在农业领域并不具有普遍意义。

三、农业领域"市场—科层"失效的模型解释

与交易费用经济学侧重事后的适应性治理的视角不同，以格罗斯曼和哈特（1986）[①] 及哈特和摩尔（1988）[②] 等为代表的"新产权学

---

① Sanford Grossman, Oliver Hart, "The Costs and Benefits of Ownership: A Theory of Vertical and Lateral Integration", *Journal of Political Economy*, Vol. 94, 1986, pp. 691 – 719.

② Oliver Hart, John Moore, "Incomplete Contracts and Renegotiation", *Econometrica*, 1988（56）, pp. 755 – 786.

派"视角主要考察如何在事前通过对剩余控制权的配置，来实现次优条件下的总剩余最大化。格罗斯曼和哈特曾提出了一个标准化的模型。这里借用这个模型来对农业领域的"市场—科层"失效加以解释。[①]

假设有两个决策主体（农户与中介组织），在 $t=0$ 时刻，双方就某一类型的农产品签订了未来的生产收购协议。中介组织在第 1 期需要进行一定的专用性投入，[②] 比如农产品深加工设备或市场渠道投入等，以改善农产品的市场收益，为计算方便假设其专用性投入为 $I=\pi^2/2$；而相应的，在第 2 期农户将会决定是否以市场价格 c 交易其生产的农产品。

假定中介组织专用性投入带来的价值改善为 u，这时可能出现两种情况：一种是 $\tilde{u}=u>c$，概率为 π（即专用性投入会提高产品收益）；另一种是 $\tilde{u}=0$，概率为 $1-\pi$（即专用性改善不会提高产品收益）。假设在第 1 期 u、c 对买卖双方均为可知信息，但不可写进契约，参照经典的缔约双方决策序列如图 1-1 所示。

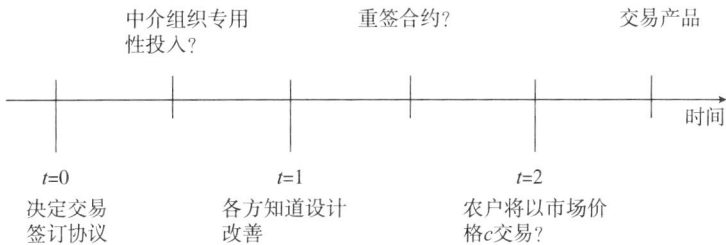

图 1-1　缔约双方决策序列[③]

资料来源：作者自绘。

下面考虑各种治理结构下的收益状况。

---

① ［美］埃里克·弗鲁博顿、［德］鲁道夫·芮切特：《新制度经济学：一个交易费用分析范式》，姜建强、罗长远译，格致出版社、上海三联书店、上海人民出版社 2012 年版，第 296 页。

② 当然，我们也可以假定由农户投入具有专用性投资的情形，基本思路和结论与此相同。

③ 本图借鉴了埃里克·弗鲁博顿、鲁道夫·芮切特（2012）《新制度经济学：一个交易费用分析范式》中对"不完备合约理论：行动序列"的图示。来源于［美］埃里克·弗鲁博顿、［德］鲁道夫·芮切特：《新制度经济学：一个交易费用分析范式》，姜建强、罗长远译，格致出版社、上海三联书店、上海人民出版社 2012 年版，第 297 页。

（一）社会最优的情形

$$\max_{\pi} E(\Delta \overline{Q}^n) = \pi(u - c) + (1 - \pi)(0 - 0) - \frac{\pi^2}{2} \quad (1-1)$$

可计算得一阶条件为：

$$\pi^* = u - c$$

相应的，最优专用性投入为：

$$I^* = \frac{\pi^{*2}}{2} = \frac{(u - c)^2}{2} \quad (1-2)$$

社会最优总收益水平为：

$$\Delta \overline{Q}^{n*} = \frac{(u - c)^2}{2} > 0, \Delta \overline{Q}^n \equiv E(\Delta \overline{Q}^n) \quad (1-3)$$

（二）市场治理的情形

假定在市场中，农户和中介组织分别独立决策时，采用纳什讨价还价解法，双方平分利润增加额，于是中介组织的投资决策变为：

$$\max_{\pi} \Delta \overline{Q}_b^n = \frac{1}{2}[\pi(u - c)] - \frac{\pi^2}{2} \quad (1-4)$$

可计算得一阶条件为：

$$\pi^{**} = \frac{(u - c)^2}{2}$$

相应的，其专用性投入为：

$$I^{**} = \frac{(u - c)^2}{8} < I^*$$

分别计算双方收益：$\Delta \overline{Q}_b^{n**} = \frac{(u - c)^2}{8}$；$\Delta \overline{Q}_s^{n**} = \frac{(u - c)^2}{4}$。

社会总收益水平为两者之和：

$$\Delta \overline{Q}^{n**} = \frac{3(u - c)^2}{8} < \Delta \overline{Q}^{n*} \quad (1-5)$$

可以看出，存在专用性时，两个主体在市场中分别决策会带来有效投资不足，总剩余小于社会最优解。

（三）中介组织控制下的一体化的情形

由于在市场中，中介组织的专用性投入收益会在事后的讨价还价中遭受损失，现在假定双方同意一体化，并由中介组织决定是否进行专用性投入，中介组织将会付给农户一定的费用（比如固定工资）以获得决策权。农户的生产资料将由中介组织控制，农户变为中介组织的雇工。这个时候，如果进行了专用性投入后会提高产品收益，即 $u > c$（概率为 π），中介组织将会独享全部剩余；如果专用性投入增加的收益为 0（概率为 $1 - \pi$），这时中介组织将会与农户进行重新谈判。假设按照纳什讨价还价解法各分得农产品市场价格 c 的 1/2，这时中介组织的目标函数变为：

$$\max_{\pi} \Delta \overline{Q}_b^n = \pi u + (1 - \pi)\frac{c}{2} - \frac{\pi^2}{2} \tag{1-6}$$

求一阶条件：$\pi^0 = u - \dfrac{c}{2} > \pi^*$。

相应的，专用性投入为：

$$I^0 = \frac{(\pi^0)^2}{2} = \frac{\left(u - \dfrac{c}{2}\right)^2}{2} > I^* \tag{1-7}$$

也就是说，由于一体化后中介组织拥有控制权可以占有农户应得的收益，会过度投资。

可以计算出：

$$\Delta \overline{Q}^{n0} = \Delta \overline{Q}_s^{n0} + \Delta \overline{Q}_b^{n0} = \pi^0 (u - c) - \frac{(\pi^0)^2}{2} \tag{1-8}$$

并且，

$$\Delta \overline{Q}^{n0} = \frac{1}{2}(u - c)^2 - \frac{c^2}{8} < \Delta \overline{Q}^{n*} \tag{1-9}$$

易知：当 $\Delta \overline{Q}^{n0} \geq \Delta \overline{Q}^{n**}$ 时，有 $u \geq 2c$；也就是说，当收益 u 足够

大时，中介组织控制的一体化要优于市场交易的情形，因此中介组织的专用性投资得到了保护。但同时，中介组织不会考虑农户的成本而过度投资。为此，中介组织为了获得决策权应该支付给农户的费用为：

$$\Delta \overline{Q}_s^{n**} - \Delta \overline{Q}_s^{n0} = \frac{u^2 + 2c}{4} \qquad (1-10)$$

上述简化的模型很清楚地表明，无论是在市场中自发的交易，还是由中介组织收购农户变为由其控制的科层组织，都不能达到社会最优水平；反之，当农户的投入具有专用性时，市场交易或者是由农户收购中介组织也难以达到最优水平。这就是对农业领域的"市场—科层"失效的简化表达。

第三节　社区网络组织与农业契约的治理

在交易费用的分析框架下，市场和科层实际是治理结构的两个极端，在二者之间还存在双边治理或混合治理的组织形式。在现实中，20世纪70年代以后，许多企业采用企业间协调的方式组织生产和交易活动。这种企业间的协调方式既不同于纯粹的市场治理，也不同于科层结构。研究者采用了不同的术语概括这种企业间的协调治理方式，如"网络组织""战略组织""组织的网络形式""混合组织""企业间网络""组织网络"等。相应的，研究者们在交易费用经济学的框架下，将组织的分析从"市场—科层"二分法扩展到"市场—网络—科层"三分法（杨瑞龙、杨其静等，2005）[①]。

根据这个框架，在农业领域出现"市场—科层"失效的情况下，采用组织间网络治理似乎是必然选择了。周立群、曹利群（2001）的研究指出，通过一定约束机制而形成的长期稳定的商品契约则要优于

---

① 杨瑞龙、杨其静：《企业理论：现代观点》，中国人民大学出版社2005年版，第179页。

要素契约。[①] 孔祥智等（2012）根据资产专用性程度及交易频率，分析了农业契约的交易特性与不同产销形式之间的匹配关系，即资产专用性水平很低时一般采用"农户＋市场"治理；涉及一定程度的专用性而交易频率较低时采用松散型"农户＋企业"形式；交易频率较高时采用紧密型"农户＋企业"形式；资产专用性水平很高时，则采用"农户＋农民专业合作"经济组织的治理形式。[②] 黄祖辉、郭红东（1997）从外部性内部化、节省交易费用及减弱交易不确定性的角度，分析了紧密型、半紧密型、松散型及协作型的"公司＋农户"组织形式的内在机制。[③]

　　根据交易费用的框架和以上这些来自农业领域的实证分析可知，农业领域往往是靠多种契约和多种机制的结合来保障双方的交易，实际上就是网络组织的治理形式。接下来，我们结合农业交易主体的特点，对农业中的网络组织治理形式予以进一步的分析。

一、农户决策的逻辑：家庭总体效用最大化

　　在小农经济环境中，农户是农业最基本的生产单位。当然，随着农业生产经营条件的改变，农户不单指传统意义上的兼业化的小农户，还包括当前方兴未艾地从事专业化生产的家庭农场。但无论哪种形式，农户家庭作为一个生产和消费合一的单位的属性并没有本质区别。这也是恰亚诺夫 1925 年在其著作《农民经济组织》中所指出的农户家庭生产的基本特点。因此，如何沿着这个基本特点理解以家庭为单位的农户生产决策模式是理解农业和农村中各种契约关系的前提。

---

　　① 周立群、曹利群：《农村经济组织形态的演变与创新——山东省莱阳市农业产业化调查报告》，《经济研究》2001 年第 1 期。

　　② 孔祥智等：《中国农民专业合作社运行机制与社会效应研究——百社千户调查》，中国农业出版社 2012 年版，第 53—60 页。

　　③ 黄祖辉、郭红东：《"公司加农户"：农业产业化组织的创新——基于新制度经济学层面的分析》，《浙江学刊》1997 年第 4 期。

根据新家庭经济学对家庭经济决策模式的研究，[①] 农户家庭的决策目标是追求家庭整体效用最大化，而家庭效用或幸福由消费（Y）与闲暇（H）两部分组成，相应的决策函数可以记为 $U = f(Y, H)$。

其中，家庭消费 Y 的效用来源于最终消费物品 Z，它包括对从市场购买的商品和劳务（X_i）的再加工，也包括家庭内部生产，生产 Z 产品花费时间 T_i（家务劳动），Z 的生产函数 $Z = f_z(X_i, T_i)$。家庭总效用函数可以记为 $U = F(X_i, T_i, H)$。

而家庭效用最大化的约束条件由家庭生产函数、家庭预算收入及家庭总劳动时间三者共同构成。

其中，劳动时间约束由从事雇佣劳动的时间 T_W 和家庭用于生产 Z 产品的时间 $\sum T_i$（家务劳动时间）构成：$T = T_W + \sum T_i$。

家庭货币收入由市场工资 w 和家庭用于雇佣劳动的时间 T_W 决定：$Y_1 = w T_W$。

在家庭生产中劳动分配的均衡点上，家务劳动的边际物质产品 MPP 等于实际工资与产品价格之比，即：

$$MPP = w/p \text{ 或 } MVP（边际生产价值）= w$$

在家庭劳动—消费均衡点上，闲暇 L 和 Z 产品的边际替代率等于二者机会成本之比：

$$MU_L / MU_Z = w/p$$

两个均衡点将家庭总时间分割为三部分：家务时间 T_Z、雇佣劳动时间 T_W 和闲暇时间 T_L。

可以用图 1-2 表示这个建立在新古典经济理论基础上的家庭经济决策模型，特别关注了劳动市场工资变化对家庭决策所产生的影响：

（1）当市场工资上升时，图 1-2 中工资成本线 ww' 的斜率会上升，

---

① 这里引用了弗兰克·艾利思所著的《农民经济学：农民家庭农业和农业发展》（2006）中对新家庭经济学的归纳。［英］弗兰克·艾利思：《农民经济学：农民家庭农业和农业发展》，胡景北译，上海人民出版社 2006 年版，第 140 页。

这会产生两个作用：一是在家庭消费与家庭生产之间，以及家庭生产内部同时产生替代效应。工资率的提高会使家庭时间更多用于家务和受雇劳动，更少用于闲暇；而劳动时间则更少用于家务，家庭购买更多市场产品。二是由于家庭总收入的扩大会产生收入效应，家庭会更有条件选择闲暇。

（2）在家庭经济学模型内可以区分出两类 Z 产品：一种是需要大量家务时间而只需要很少的市场投入品，比如抚育孩子、赡养无劳动能力的老人等，都需要大量的家务劳动投入，这属于时间密集型的 Z 产品；反之，直接从市场购买而不需要投入家务劳动的就属于收入密集型的 Z 产品。工资率的变化也会影响在这两类 Z 产品之间产生替代效应。

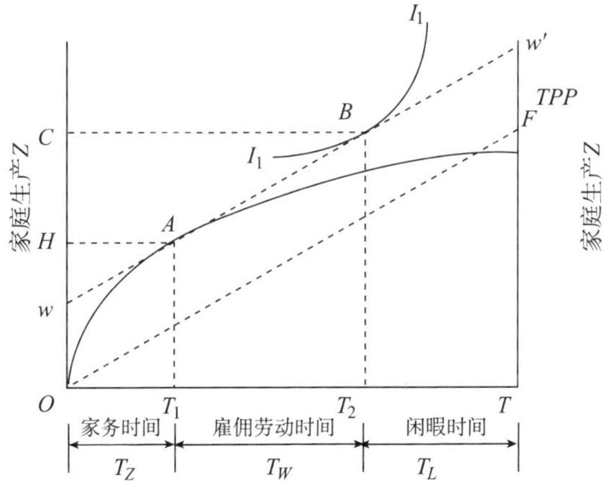

图 1-2　家庭生产模型

资料来源：引自［英］弗兰克·艾利思：《农民经济学：农民家庭农业和农业发展》，胡景北译，上海人民出版社 2006 年版，第 141 页。

二、农户家庭对劳动力的配置

根据上述逻辑，我们看当前中国农村家庭内部发生的变化。随着20 世纪 90 年代农村青壮年劳动力开始大规模向城市流动，农户家庭收入中越来越以城市务工的非农收入为主，因此，外部劳动力市场极大地影响着农户的家庭决策。家庭人口的外流和外部工资率的上涨，必然会对农户家庭总体决策产生影响。

（一）家庭优质劳动力更多配置到非农领域

在替代效应影响下，家庭会将更多的劳动时间投入于受雇，并倾向于购买更多的市场产品。当前发生的情况已经证实了这一点：农户家庭的主要劳动力都外出到非农领域务工；而且农户家庭的最终消费品中，原来自产自销的农产品、蔬菜、禽肉甚至主粮，都开始大量从市场购买。也就是说，农户总效用中来自市场购买的部分 X_i 在上升，而生产 Z 产品的家务劳动时间 T_i 在下降；而且，用于购买市场产品 X_i 的收入主要来源于非农收入。

造成的直接后果就是农户投入农业生产和家务劳动的积极性都在下降，甚至会出现尽管农村中有闲散的优质劳动力，也不愿投入农业生产的现象。例如，在 2008 年国际金融危机的冲击下，沿海大量企业倒闭，近 2000 万农民工返乡，但这些返乡的农民工并没有全部再投入到农业生产之中。有研究者总结了这种农业大面积弃耕撂荒的现象，并称之为"被动闲暇"[1]，意即，相比外出务工时较高的影子价格，农业收入过低，因此即使外出就业受挫，返乡后也不愿投入农业生产，而不得不闲暇在家。可见，外出务工的影子价格，对那些即使劳动力价格不需计算的家庭经营农业，也会产生很大影响；而对那些需要雇佣劳动力、支付工资的农业经营方式，影响就更为深远和直接了。

（二）农业劳动力"弱质化"趋势

与上述过程同步发生的，是妇女老人儿童成为农村社会常住人口的主体，许多地区的农业劳动力也呈现出女性化和老龄化的趋向。

---

[1] 刘怀宇、李晨婕、温铁军：《"被动闲暇"中的劳动力机会成本及其对粮食生产的影响》，《中国人民大学学报》2008 年第 6 期。

　　根据第二次、第三次全国农业普查公布的数据，农村劳动力规模从 2006 年年末的 4.79 亿人下降到 2016 年年末的 3.14 亿人；2006 年农业劳动力中年龄 51 岁以上的占 25%，到 2016 年农业从业年龄 55 岁以上的占比已经上升到 33.6%。2006 年，农村外出从业劳动力约 1.3 亿人，其中，男劳动力占 64%、女劳动力占 36%。[①] 到 2017 年年末农村青壮年劳动力中约有 2.88 亿人以流动农民工的形式外出务工。[②]

　　另根据一些学者的研究，如叶敬忠、贺聪志（2008）指出，由于农村青壮年劳动力外出务工，老年人口成为农业生产的主要维持者，目前 80.6% 的留守老人仍从事农业生产。[③]

　　随着农村留守人口的日益老年化、女性化，原来的半劳力和辅助劳动力已经成为农业生产经营的主体。

　　上述变化对农业经营的影响在于，随着家庭主要劳动力外出打工，农户家庭收入及消费的现金化程度也越来越高。外出务工收入也成为农户家庭收入最主要的收入来源。因此，农业生产在农户家庭中的重要性越来越低。留守群体从事农业生产只是作为家庭再生产的一个辅助和补充，甚至还有部分人干农活仅仅是为了延续过去的劳作和生活习惯。相对于农业生产，这些留守群体在家庭内部发挥的最重要的功能在于照顾小孩、看家种地、守护家园。按照新家庭经济学的逻辑，他们在家庭再生产中主要的角色在于用家务劳动为家庭提供直接消费品，而非在农业领域中生产产品以换得的市场收益。换句话说，他们的家务劳动是主要的，农业生产劳动是次要的。这种兼业特性也使得农户家庭在投入农业生产时，有别于工业市场劳动力的行为逻辑。

----

　　① 数据来源：2006 年数据来自国家统计局：《第二次全国农业普查主要数据公报》（第五号），国家统计局官网，2008 年 2 月 27 日；2016 年数据来自国家统计局：《第三次全国农业普查主要数据公报》（第五号），国家统计局官网，2017 年 12 月 16 日。

　　② 数据来源：国家统计局：《中华人民共和国 2018 年国民经济和社会发展统计公报》，国家统计局官网，2019 年 2 月 28 日。

　　③ 叶敬忠、贺聪志：《静寞夕阳——中国农村留守老人》，社会科学文献出版社 2008 年版，第 61 页。

三、农户家庭 Z 产品生产的社区（社会）化

在农户家庭对劳动力进行新的组合使用时，家庭内部 Z 产品的生产模式也随之发生改变。

一方面，在家庭内部，一些时间密集型的 Z 产品的需求是刚性的，比如抚育小孩、赡养高龄老人等。虽然工资率上升使得农户投入家务劳动的积极性下降，但又不能用市场购买的方式替代这些类型的家务劳动（或者说农村中还不存在这样的市场）。从逻辑上讲，这时任何能够为农户家庭提供这些 Z 产品以替代家务劳动的方式，对农户而言都会产生极高的边际效用。

另一方面，在传统家庭内部，闲暇产生的效用主要用闲暇的时间 H 作为变量来计算。但随着家庭主要劳动力外出务工，造成了农户家庭一年中的大部分时间在家的成员是不完整的，同样的闲暇时间并不能为家庭带来相同的闲暇效用。家庭因闲暇时间产生的效用甚至在下降。比如，来自社会学领域的大量研究都指出了当前留守的老人妇女儿童群体精神的空虚、孤独、缺乏安全感，文化需求极度匮乏等（叶敬忠、贺聪志，2008）[①]。

简而言之，在外部工资率上升的情况下，一方面，农户家庭在农业领域的投入积极性大大下降；另一方面，家庭内一些刚性需求的时间密集型的 Z 产品的生产，以及对闲暇效用的实现都开始移向家庭外部。

这些变化意味着，农户家庭除了传统的用于获取市场产品的生产（X_i）外，家务劳动产品的生产（T_i）和闲暇（H）都成为可以与外界交易（或合作）的领域。众所周知，现实中能够提供后两个领域（家

[①] 叶敬忠、贺聪志：《静寞夕阳——中国农村留守老人》，社会科学文献出版社 2008 年版，第 61 页。

庭内部部分 Z 产品——比如照料老人、孩子以及精神文化活动）的"产品"的主要是社区，而且在没有一个可以提供这两个领域的"产品"的市场时，也只能由社区来提供。换言之，农户为满足其家庭效用最大化，所要交易的对象除了市场中的中介组织外，还涉及社区。①后面我们将证明，一个稳定的农业网络组织中，农户、中介组织、社区都将成为治理的主体。

四、利益相关者构成的农村社区网络组织

农户的上述特点决定了农村社区网络组织中契约的几个基本要素。

首先，社区网络组织中缔约的主体包括作为农业生产主体的农户、作为农户与市场"桥梁"的中介组织，以及二者所置身其中的社区。

其次，社区网络组织中缔约的领域包括为市场生产产品和服务的农业生产经营领域（农户获得 X_i），为家庭替代生产时间密集型 Z 产品的领域，以及提高农户闲暇效用的领域。其中，农户与中介组织主要在农业生产经营领域形成契约关系，农户家庭必需的 Z 产品和闲暇"产品"主要依靠与社区间的合作（交易）来获得。中介组织也可以通过社区作为媒介与农户在家庭必需的 Z 产品和闲暇"产品"中形成合作（交易）。比如由中介组织出资的社区公益基金等。

再次，社区网络组织中缔约的形式包括正式签订的书面契约，也包括彼此认可的口头契约，以及隐性契约。由于农业交易的复杂性，大多数时候契约的履行依靠的是书面契约、口头契约及隐性契约共同的约束。

最后，社区网络组织中的履约机制。书面契约的履行依靠法律、仲裁者（农村基层政府、村干部等有公信力的机构或个人）；而口头契

---

① 在威廉姆森的论述中，社区也是企业经营的利益相关者之一。

约和隐性契约的履约有赖于彼此的信誉以及社区共同认可的规范、文化和价值的约束。

由不同的契约，会形成不同的社区网络组织形式。主要可以分为两种类型。

一是"农户＋中介组织＋社区"型的社区网络组织。中介组织既可以是合作社，①也可以是龙头企业。前者形成"农户＋龙头企业＋社区"型的网络组织；后者形成"农户＋合作社＋社区"型的网络组织。龙头企业和合作社通过社区公共支出安排嵌入社区，其在产权安排和治理结构上的根本差别也决定了这两种不同社区网络组织的差别。

二是"农户＋社区"型中介组织型的农业网络组织。根据中介组织的不同，具体的又可以区分为：当中介组织为合作社时，形成"社区＋合作社"型的社区网络组织；当中介组织为社区企业（社会企业）时，形成"社区＋社会企业"型的社区网络组织；当中介组织为农户入股的社区型企业，或者是由集体经济组织等参股的合作社时，形成的是介于前面两种形式之间的混合型社区网络组织。

如前所述，本书研究的前提是外部市场工资率变化，对农户家庭的决策产生了重要影响，农户、中介组织、社区都成为相关的交易方和治理主体。社区的作用更加突出。因此，后面将会着重对第二种类型所包含的三种具体社区网络组织形式进行深入的对比分析。

---

① 根据第三次全国农业普查公布的数据：2016 年年末，在工商部门注册的农民合作社总数 179 万个，其中，农业普查登记的以农业生产经营或服务为主的农民合作社 91 万个。

第二章 社区网络组织的理论基础：社会资本

农村社会资本在社区中存在并发挥作用，是一种普遍现象。这也是社区环境有别于一般商业环境的重要特点。本章将以社会资本概念为核心，建立一个对农村社区网络组织的理论框架。

第一节 社会资本与网络组织

一、从市场、科层到网络组织

通过合理的配置方式，使稀缺的资源发挥最大的效用，是经济学的核心命题。在新古典经济学的理论体系中，市场是最有效的资源配置方式，它以价格作为核心激励手段来调节主体的行为，引导配置资源。新制度经济学派的创始人科斯的分析使人们认识到，市场供求的抽象分析掩盖了具体交易过程的复杂性。交易费用的普遍存在，使得市场并不总是有效。企业由于可以用内部层级化的指令来替代市场交易，因而可以节约市场中的交易费用。这便是企业组织作为市场替代物存在的内在逻辑。在此基础上，形成了"市场—科层"组织二分法的认识。

20世纪70年代以后，许多企业采用企业间协调的方式组织生产和交易活动。这种企业间的协调方式既不同于纯粹的市场治理，也不同于科层结构。研究者采用了不同的术语概括这种企业间的协调治理方式，如"网络组织""战略组织""组织的网络形式""混合组织""企业间网络""组织网络"等。杨瑞龙、杨其静（2005）在TCE刻画交易特征的三个主要维度：资产专用性、不确定性程度及交易频率的基础上，又从生产的角度加入了企业能力的维度，使用这四个维度来讨论企业间网络的边界。①

因此，网络组织的概念，使人们在对资源配置形式的理解上，突破了"市场—科层"二分法下两极对立的认识局限，形成了"市场—网络—科层"这种更加连续的认识。我们知道，市场治理的核心是价格机制，即以价格作为基本的激励手段自发引导主体的行为；而科层治理的核心是等级化的指令控制体系。那么，介于二者之间的网络组织，其内在治理机制是什么呢？

从已有的研究来看，社会资本是一个有助于我们理解该问题的概念。因为社会关系和社会网络本来就是社会资本研究的核心范畴。特别是在农村社会环境中，社会资本相较于城市商业社会更为明显和密集。可以说，农村中的社会资本和农业网络组织在很多时候都是同根同源、相互依存。因此，社会资本是理解社区网络组织的基本概念。而且，从已有的研究基础来看，社会资本对于网络化结构中的治理机制已有大量的论述。如斯蒂格里茨（2005）② 就曾指出：存在于非市场组织之中（或之间）的纳什均衡具有最优化特征假定的原因是什么？许多经济学家想到了社会资本作为对市场经济条件下存在缺陷的弥补，作为对市场留下空白的填充。这里，我们也从社会资本对网络组织治理所产生影响的角度，来考察社区网络组织的治理。

---

① 杨瑞龙、杨其静：《企业理论：现代观点》，中国人民大学出版社2005年版，第179—190页。

② ［美］约瑟夫·斯蒂格里茨：《正规的与非正规的制度》，转引自［印］帕萨·达斯古普特等编：《社会资本——一个多角度的观点》，张慧东等译，中国人民大学出版社2005年版，第78页。

二、网络结构中的社会资本

社会资本概念被学术界广为重视和讨论是在 20 世纪 80 年代以后，以布迪厄（Bourdieu）、科尔曼（Coleman）和帕特南（Putnam）为代表的社会学家们正式提出"社会资本"的概念，用于分析社会成员之间的关系网络、价值、规范在实践中所产生的生产性功能，这些因素也成为经济剩余的来源。不仅能够使社会成员获得社会经济收益，也可以使群体、组织、区域及国家获益（布迪厄，1980[①]、1985[②]；科尔曼，1988[③]、1990[④]；帕特南，1993[⑤]、1995b[⑥]）。

自那时起，学者们便普遍使用"社会资本"这一概念来解释社会经济发展中不能为传统的要素和变量所解释的部分，也产生了多种对于社会资本的理解和定义。

在法国社会学家布迪厄的分析中，社会资本主要指个体所拥有的"实际或潜在资源的总和"，这些资源与个体在社会结构中所拥有的成员资格及社会关系网络有关，它们可以像物质资本、人力资本一样为个人带来回报。

美国社会学家詹姆斯·科尔曼（James Coleman）在《美国社会学杂志》发表的题为《社会资本在人力资本创造中的作用》一文中，从

①　Bourdieu P. ，"Le Capital Social：Notes Provisoires"，*Actes de la Recherche en Sciences Sociales*，Vol. 31，1980，pp. 2 – 3.

②　Bourdieu P. ，*Hand book of Theory and Research for the Sociology of Education*，Greenwood Press，1985.

③　Coleman J. S. ，"Social Capital in the Creation of Hurman Capital"，*American Journal of Sociology*，Vol. 94，1988，pp. 95 – 120.

④　Coleman J. S. ，*Foundations of Social Theory*，Boston：Harvard University Press，1990，p. 302.

⑤　Putnam R. D. ，"The Prosperous Community：Social Capital and Public Life"，*The American Prospect*，Vol. 4，No. 13，1993，pp. 35 – 42.

⑥　Putnam R. D. ，"Bowling Alone：American's Declining Social Capital"，*Journal of Democracy*，Vol. 6，1995b，pp. 65 – 78.

社会结构的角度论述了社会资本的概念，指出社会资本"包括社会结构的某些方面……而且有利于处于某一结构中的个人的某些行动"，是具有生产性的，它可以实现某些目的，"而在缺少它的时候，这些目的便不会实现"。并在此基础上形成了他的"经济社会学"理论（Coleman，1990）[①]。

真正使社会资本引起广泛关注的是美国哈佛大学社会学教授罗伯特·帕特南（Robert Putnam），他和同事花了20年的时间就社会资本问题对意大利南北地区在权力下放后的制度绩效进行了研究，发现历史文化背景及受此影响形成的公民生活的差异在解释制度成功方面有着关键性的作用。帕特南使用"社会资本"概念说明了南北文化差异对制度绩效的影响，在此基础上于1993年写作的《使民主运转起来》一书成为美国当年的畅销书之一。帕特南将社会资本定义为：国家和区域在长期历史过程中形成的信任、规范和网络，它们有效协调了社会行动的效率，并以此提高了"投资于物质资本和人力资本的收益"（Putnam，1993）[②]。

三、社会资本对履约的影响

已有的研究，表明了社会资本通过信任、更加充分的信息等因素对机会主义行为产生约束，从而对履约产生了积极的影响。

萨拉格尔丁和克里斯琴（Ismail Serageldin，Christiaan Grootaert，2005）[③]指出社会资本有助于传递充分和正确的信息，以使得市场参与者作出合适有效的决定，他们举例指出，建立在以组织为基础的贷款

---

① Coleman J. S., *Foundations of Social Theory*, Boston：Harvard University Press，1990，p. 302.

② Putnam R. D., "The Prosperous Community：Social Capital and Public Life", *The American Prospect*, Vol. 4, No. 13, 1993, pp. 35 – 42.

③ 萨拉格尔丁、克里斯琴：《定义社会资本：一个整合的视角》，转引自［印］帕萨·达斯古普特等编：《社会资本——一个多角度的观点》，张慧东等译，中国人民大学出版社2005年版，第59页。

计划，比如从南非的集资养老金制度（非正式储蓄圈）到孟加拉国的格莱珉银行（Grameen Bank）之所以能够开展，是由于成员间要比在银行拥有更有用的信息。

奥斯特罗姆（Ostrom，2005）[①] 列举了与水源使用者类似的协会中，有效社会资本能够克服因机会主义行为导致的集体行动困境。这些协会通过创建一个成员间频繁接触的框架、提高成员间信任度来减少机会主义行为。

此外，斯蒂格里茨（2005）认为社会资本包括"隐含的知识、网络的集合、声誉的积累"，在组织中可以有效地处理道德风险和投机动机，这使得其与经济发展水平呈现某种相关；社会资本还是声誉的聚集和区分声誉的途径。[②]

奥斯特罗姆（2000）通过对一个区域内农民对水资源分配使用的情形指出社会资本有助于建立合适的收益配置规则，以对农民参与水资源设施建设和管护形成有效的激励。[③] 迪帕·纳拉扬和兰特·普里切凯特（Narayan，Pritchett，2005）[④] 指出社会资本能使得债权人和债务人之间形成较好的信息流，并且可能减少信贷市场上的逆向选择和道德风险。

达斯古普特（2005）指出通过在一个社会资本拥有程度较高的社会群体中，具有忠实于团队的特性、互相强制、规范及声誉都会促进签订协议后的执行。[⑤]

---

① ［美］埃莉诺·奥斯特罗姆：《社会资本：流行的狂热抑或基本的概念?》，转引自［印］帕萨·达斯古普特等编：《社会资本——一个多角度的观点》，张慧东等译，中国人民大学出版社2005年版，第229页。

② ［美］约瑟夫·斯蒂格里茨：《正规的与非正规的制度》，转引自［印］帕萨·达斯古普特等编：《社会资本——一个多角度的观点》，张慧东等译，中国人民大学出版社2005年版，第78页。

③ ［美］埃莉诺·奥斯特罗姆：《公共事务的治理之道》，余逊达等译，上海三联书店2000年版。

④ 迪帕·纳拉扬、兰特·普里切凯特：《社会资本：证据与含义》，转引自［印］帕萨·达斯古普特等编：《社会资本——一个多角度的观点》，张慧东等译，中国人民大学出版社2005年版，第358页。

⑤ ［印］帕萨·达斯古普特等编：《社会资本——一个多角度的观点》，张慧东等译，中国人民大学出版社2005年版，第429页。

帕特南（1993、1995a、1995b）[①] 指出：社会资本如网络、规范和信任，"促进了为追求共同利益而采取的行动和合作。个体参与包括朋友交往、社团生活等这类的社会网络会促进形成社会内在规范，一方面，规范为人们所普遍接受时就产生了相互信任，进而会更加相信对未来收益的预期；另一方面，规范会增加"背叛"和"搭便车"的代价。这两方面的因素促进了集体行动达成的可能，所以社会资本对促成集体行动具有重要作用。

总之，现有的研究已经充分认识到了社会资本对约束合作中机会主义行为的重要作用。正如奥斯特罗姆（2000）指出的：合作意识、共同的规范、适于自身的规则系统等社会资本的形式有助于克服许多集体行动中的问题，以及"减少监督和制裁活动成本的共享规范可被视为用于解决公共池塘资源问题的社会资本"。[②]

第二节　农村中的社会资本与农业契约的履约

社会资本虽然是一个从 20 世纪 80 年代后从西方兴起的学术概念，但社会资本概念所包含的诸多元素和内容在中国的实践和讨论中都并不陌生，西方学者们运用社会资本来讨论"东亚奇迹"和"儒家文化圈"的经济增长便是侧面例证。

中国本土的诸多概念实际已经隐含了与社会资本理论同样的关注

---

① Putnam R. D. , "The Prosperous Community: Social Capital and Public Life", *The American Prospect*, Vol. 4, No. 13, 1993, pp. 35 – 42; Putuam R. D. , "Tuning In, Tuning Out: The Strange Disappearance of Social Capital in America", *Political Science and Politics*, Vol. 12, 1995a, pp. 664 – 683; Putnam R. D. , "Bowling Alone: American's Declining Social Capital", *Journal of Democracy*, Vol. 6, 1995b, pp. 65 – 78.

② ［美］埃莉诺·奥斯特罗姆：《公共事务的治理之道》，余逊达等译，上海三联书店 2000 年版。

内容，如费孝通在《乡土中国》中对中国传统社会所做的血缘社会、熟人社会和差序格局的描述，这是一个"变化很少的社会"，"文化是稳定的"，在这个社会中，依靠"礼制秩序"，"陶炼出合于在一定的文化方式中经营群体生活的分子"；又如梁漱溟所描述的"许多事情乡村皆自有办法；许多问题乡村皆自能解决：如乡约、保甲、社仓、社学之类，时或处于执政者之倡导，固地方人自己去做"。这里所描述的"熟人社会""秩序""群体生活"等机制，与社会资本所描述的规范、价值和网络等在实质所指上无疑具有很大的共同点。奥斯特罗姆（2000）在其名著《公共事务的治理之道》的"序言"中也特意指出，"由于中国长期依靠水来灌溉和运输，依靠森林，依靠草地，公共池塘资源在中华文明的发展史上起着重要的作用"，而中国在长达千年的对这些"公共池塘资源"实现了"自能解决"和"自己去做"等机制与奥斯特罗姆所分析的"自主组织和自主治理"无疑也有很多相通之处。

当然，经历了近现代的巨大变革后，学者们所描述的传统乡土社会中的这些情形也早已改变。但在今天的乡土社会无疑仍保留着这些元素的痕迹，如贺雪峰（2000）所提的"半熟人社会"，以及学者们基于这些传统因素对现代乡土社会诸多问题的考察等。

同时，产生于西方社会科学领域的社会资本概念也被广泛运用于中国农村发展问题的研究。如张其仔（1999）[1]从农村社区社会信任与历史传统的角度对社会资本的内容进行了描述，并分析了一个村庄的社会资本形成的具体过程，对社会资本对农村可持续发展的作用进行了探讨；此后，郑传贵（2007）[2]、郑晓云（2009）[3]使用社会资本的概念分别以赣东一个农村行政社区、云南少数民族地区的农村社区为

---

[1]　张其仔：《社会网与基层经济生活——晋江市西滨镇跃进村案例研究》，《社会学研究》1999年第3期。

[2]　郑传贵：《社会资本与农村社区发展——以赣东项村为例》，学林出版社2007年版。

[3]　郑晓云：《社会资本与农村发展》，中国社会科学出版社2009年版。

考察对象，描述了社会资本与当地农村社区发展的关系；马九杰等（2008）① 也详细考察了农村中的社会资本对农户信贷融资、风险处置、产业选择及合作行动的作用。此类关于社会资本对农村发展的影响的研究目前已相当浩繁，在此不一一列述。

除此之外，也有学者将社会资本运用于对乡村治理的分析，典型的如周红云（2007）② 将农村中的社会资本分为四种类型，包括象征性活动网络、家族宗族网络、功能性网络组织以及一般人际网络，并深入考察了其对村级治理主体、治理结构和治理过程的积极影响。此类对社会资本对乡村治理作用的考察也是不胜枚举。

对于社会资本对农业契约履约的影响，以经验层面的研究较多。其理论基础来源于新经济社会学中的"嵌入"理论，农业经营主体"嵌入"关系网络中产生信任和规范，形成网络中的社会资本。社会资本的存在影响了多期博弈中的贴现率，从而影响了主体当期的行动选择。在农业缔约实践中，公司与农户以社会资本嵌入共同网络，使得契约得到最大限度的自我实施（徐忠爱，2008）③。简言之，社会资本能够影响"嵌入"在网络中的农业经营主体的有效投资水平。

在经验层面的研究中，秦红增、刘佳（2009）④ 通过三个村庄案例考察了社会资本从传统的地缘、血缘、姻缘关系向当前以生产需求为核心的行业、技术、市场等关系网络的扩展，进而在此基础上发展出契约信任。张兵、李丹（2013）⑤ 从减少契约执行中的交易费用角度考察了社会资本在农村信贷中的作用。农村金融领域，通过抵押品化的

---

① 马九杰等：《社会资本与农户经济：信贷融资·风险处置·产业选择·合作行动》，中国农业科学技术出版社 2008 年版。

② 周红云：《社会资本与中国农村治理改革》，中央编译出版社 2007 年版。

③ 徐忠爱：《社会资本嵌入：公司和农户间契约稳定性的制度保障》，《财贸经济》2008 年第7 期。

④ 秦红增、刘佳：《超越村落：文化农民社会资本的扩展及其结构研究》，《中国农业大学学报（社会科学版）》2009 年第 4 期。

⑤ 张兵、李丹：《社会资本变迁、农户异质性与融资行为研究——基于江苏 602 个农户的调查分析》，《江海学刊》2013 年第 2 期。

社会资本、"圈子主义精神"的"熟人信任"以及基于情缘、拟亲缘关系为基础的村庄信任机制，对保障信贷合约的履约都起到了重要作用（卓凯，2006[①]；赵泉民、李怡，2007[②]；黄文胜，2010[③]）。张改清（2008）[④] 的研究指出基于村落人际关系的稳定性而使得民间信用借贷具有了"自我履行"功能。此外，还有基于新型农业经营形式的个案研究，如刘秀琴（2012）[⑤] 从家族血缘扩展到乡缘后的关系结构对构建稳定契约的影响的角度，对一个经典案例"温氏集团"进行了考察。

第三节　用社会资本分析网络组织的理论难点

社会资本将信任、规范、网络、价值、文化等诸多能够产生经济剩余的社会元素很好地统摄起来，试图使用一个统一的概念对大量经济现象作出新的解释，对理解履约问题也有很大帮助。已有的研究对社会资本理论与主流经济学的结合打下了基础，但也面临着根本的问题。

一、方法论上的冲突：个体选择，还是社会结构？

科尔曼（2005）[⑥] 在论述社会资本时鲜明地指出："对社会行为的

---

①　卓凯：《非正规金融契约治理的微观理论》，《财经研究》2006 年第 8 期。

②　赵泉民、李怡：《关系网络与中国乡村社会的合作经济——基于社会资本视角》，《农业经济问题》2007 年第 8 期。

③　黄文胜：《基于不完全契约理论的农村非正规金融履约机制研究》，《生态经济》2010 年第 6 期。

④　张改清：《中国农村民间金融的内生成长——基于社会资本视角的分析》，《经济经纬》2008 年第 2 期。

⑤　刘秀琴：《原生型农业企业成长过程中社会资本属性的演变特征》，《学术研究》2012 年第 3 期。

⑥　［美］科尔曼：《社会资本创造人力资本》，转引自［印］帕萨·达斯古普特等编：《社会资本——一个多角度的观点》，张慧东等译，中国人民大学出版社 2005 年版，第 16—43 页。

描述和说明有两种主要思想取向：一种是大多数社会学家的工作特征，把参与者看作是具有社会性的，其行动通过社会准则、规则和职责加以规范"，"另一种思想取向是大多数经济学家……把参加者看作是具有要求独立实现的目标、独立行事和完全利己的"，"这两种思想取向均存在严重缺陷"，"我尝试着给社会理论引入一个'社会资本'的概念，与金融资本、物质资本和人力资本的概念相当——但是体现于人与人的关系中。这是包含社会关系未除去一定点要素的假设、运用理性行为模式的理论策略的一部分"，"引入经济学家用于社会体系正常运转分析的理性行为原则，包含但不局限于经济体系，这样做并未抛弃社会体系正常运转中的社会组织。社会资本概念就是有助于实现该目标的一个工具"。这里表达的是社会资本研究，试图在方法论上对集体主义倾向和个体主义倾向进行调和。

进一步的，林南（2005）① 提出从将社会资本作为个体行动者嵌入在一定的社会结构之中而获取资源的角度加以理解。布迪厄、科尔曼、林南、弗拉普、伯特、埃里克森、波茨和其他学者都认为，社会资本由嵌入在社会关系和社会结构中的资源组成。

林南（2005）论述道，社会资本作为一个在理论中产生的概念，应该在社会网络背景中考虑，作为通过占据战略网络位置（Location）或重要组织位置（Position）的社会关系而获取的资源……社会资本可以操作化地定义为行动者在行动中获取和使用的嵌入在社会网络中的资源。

具体而言，社会资本——作为在市场中期望得到回报的社会关系投资——可以定义为在目的性行动（Purposive Action）中被获取的或被动员的、嵌入在社会结构中的资源。在这个定义中，有三个重要组成部分要分析：（1）资源；（2）嵌入在社会结构中；（3）行动。

---

① ［美］林南：《社会资本——关于社会结构与行动的理论》，张磊译，上海人民出版社 2005 年版，第 24 页。

"嵌入"概念最早是由卡尔·波兰尼在其1944年出版的著作《大转型》中提出的，[①] 指代前资本主义经济时期"经济嵌入在社会"之中，而进入资本主义时期后经济逐渐"脱嵌于社会"按照自己的逻辑独自运作的现象。格兰诺维特发展了嵌入理论，他在1985年发表了题为《经济行为和社会结构：嵌入问题》的文章，在文中格兰诺维特用了大量的篇幅对新制度经济学进行了对照和点评，如他反对"'新制度经济学'主张不论在早期社会或现代社会……先前所说的镶嵌在社会关系中的行为与制度，其实可以从理性与独立个人的自立动机中获得更深刻的理解"，他指出"理性行为的假设总是值得怀疑，但也是一个不该轻易放弃的假说。对分析者而言看似非理性的行为，如果把情境限制，尤其是镶嵌问题考虑进去，仍然可能是有意义的"，"我们对社会网的兴趣主要在于这些分析提供了链接个人行动成为总体社会行动的可能性。""嵌入观点从事了直接因果的分析"，即"经济行动是在社会网内的互动过程中作出决定的……"（格兰诺维特，2007）[②]。

然而，在分析时，他又借用了新制度经济学的分析框架，"我会以镶嵌问题的理论发展为文中主轴，并将以现代社会的问题来显示出镶嵌观点的价值，也就是'新制度经济学'的重要议题：在现代资本主义社会中哪些交易由市场负责，哪些交易则留在科层组织之内？"（格兰诺维特，2007）[③]，并以此"与新制度经济学大家威廉姆森对话，探讨信任与交易成本之间的关系"（格兰诺维特，2007）[④]。但他着重指出相比较于治理方式——市场或科层，社会关系对秩序（"机会主义行为

---

① ［英］卡尔·波兰尼：《大转型：我们时代的政治与经济起源》，冯钢、刘阳译，浙江人民出版社2007年版。
② ［美］马克·格兰诺维特：《镶嵌：社会网与经济行动》，罗家德译，社会科学文献出版社2007年版，第3页。
③ ［美］马克·格兰诺维特：《镶嵌：社会网与经济行动》，罗家德译，社会科学文献出版社2007年版，第3页。
④ ［美］马克·格兰诺维特：《镶嵌：社会网与经济行动》，罗家德译，社会科学文献出版社2007年版，第7页。

与欺诈的防止及合作与秩序的普遍存在"）的贡献要更为重要，在他看来，"人际互动网络才是解释新组织形式效率或高或低的主要原因"。"即使在处理复杂交易时，市场上仍可见到高度的制度，公司内也可以见到相当程度的失序"，"秩序或失序、诚实或欺诈与关系结构有关，与组织形态则较少关联"（格兰诺维特，2007）①。

从上面这些主要的论述中，可以看到社会网和社会资本领域的相关研究，试图在集体主义方法论与个体主义方法论之间作出调和。

二、模型修正中的内生性问题

上述问题也直接影响了后续研究在试图修正主流经济学模型时产生的问题。

循着格兰诺维特嵌入理论提出的方向，罗家德（2010）② 试图提出一个修正过的模型，通过将信任所代表的社会关系加入威廉姆森的理论模型中，这样影响契约属性的维度就变为四个：资产专用性、交易频率、不确定性和信任关系，根据具体交易在四个维度上的程度来确定使交易费用最小化的治理结构。因为信任关系维度的加入，使得网络所代表的治理结构更加稳定，从而使得组织间网络成为市场、企业之外的稳定的组织类型。

奥斯特罗姆（2000）③ 在对自主组织和自主治理情境进行分析时，在个体行动者内心复杂的决策世界中加入了对内在规范的考虑，"内在规范"和"贴现率"共同影响着个体决策者对收益和成本的预期。而其对于内部规范的认识，则主要来自于并且后续也深入于相关学者在社会资本领域的研究。

---

① ［美］马克·格兰诺维特：《镶嵌：社会网与经济行动》，罗家德译，社会科学文献出版社2007年版，第27页。

② 罗家德：《社会网分析讲义》（第二版），社会科学文献出版社2010年版，第5页。

③ ［美］埃莉诺·奥斯特罗姆：《公共事务的治理之道》，余逊达等译，上海三联书店2000年版。

　　这两个模型分别从社会网和个体选择两个层面对主流的模型试图进行修正，它们在面对一个运作稳定、已经聚集了丰富社会资本的社会网时，具有解释力。但问题在于，信任、内部规范仍然是内生于特定的社会网和社会情境中的。正如厄普霍夫（Uphoff, 2005）[①] 所言："社会资本是否应该被看作一种资本形式现在仍有争论，它是否必须是某种投资的结果（换言之，某种与之预设的假设）；它是必须被有目的地创造还是自然而然地发生"。奥斯特罗姆（2005）[②] 也指出社会资本的一个特性就是很难通过外部干预建立。也就是说，虽然我们在现实世界中可以观察到社会资本存在及其资本化的形式，但社会资本产生的最初根源是什么？为什么有些网络中存在社会资本而另一些场合没有？社会资本什么时候产生积极作用，什么时候起消极作用？归结到一点，就是社会资本是内生于特定的社会网之中的，这使其不能必然地产生于某种制度化（市场或科层）的设计中。

　　格兰诺维特（2007）[③] 在对威廉姆森等新制度经济学家的观点进行点评时说："用制度设计取代信任导致霍布斯的自然状态，也就是理性的个人会有动机发明各种方法钻制度的漏洞；于是乎，很难想象日常经济生活不会为更多欺诈的诡谋所污染"，问题是，当制度设计不能奏效、普遍道德也不可靠，而只能靠具体的关系及关系结构产生的信任来防止欺诈时，这种具体的情境就变得抽象而难以琢磨了。

　　正如威廉姆森（2008）[④] 指出的，"虽然过程研究一直是奥地利学派经济学家（兰劳伊斯）、演进经济学家（纳尔逊和温特），以及社会

① 厄普霍夫：《理解社会资本：学习参与分析及参与经验》，转引自［印］帕萨·达斯古普特等编：《社会资本——一个多角度的观点》，张慧东等译，中国人民大学出版社2005年版，第274页。

② ［美］埃莉诺·奥斯特罗姆：《社会资本：一种时尚还是一个基本概念？》，转引自［印］帕萨·达斯古普特等编：《社会资本——一个多角度的观点》，张慧东等译，中国人民大学出版社2005年版，第229页。

③ ［美］马克·格兰诺维特：《镶嵌：社会网与经济行动》，罗家德译，社会科学文献出版社2007年版，第10页。

④ ［美］奥利佛·威廉姆森、斯科特·马斯滕编：《交易成本经济学——经典名篇选读》，李自杰等译，人民出版社2008年版，第143页。

学家（格兰诺维特）的兴趣所在，但是这种研究通常是极为抽象的。交易成本经济学认为，应在各种特定的契约关系中研究组织的过程特征。这就要进行更多、更细小的微观分析"。

从以上论述不难看出：（1）不完全契约的视角为分析现实中不同类型的农业生产经营组织提供了基本的框架，也能够有力地解释相应"市场—科层"二分框架中的各种农业契约存在履约困难和投资不足的原因，但由于小农经济自身的特殊性，不完全契约理论难以从根本上解释介于市场和科层之间的农业网络组织结构中的有效投资如何实现。（2）社会资本从经验上描述了社会结构中的规范、信任等因素对农业网络组织中投资效率的影响，但社会资本理论自身在方法论上尚未完全解决个体选择和社会结构之间的障碍。

第四节 "嵌入"视角下社区网络组织的分析框架

面对上述难题，这里借鉴新经济社会学中提出的将社会资本体系分为三个层次的分析方法，即个体视角（个体嵌入双方关系中）、结构视角（双方关系嵌入多主体构成的网络结构中）、嵌入结构视角（考虑特定的社会资本网络对政治经济、对更大的文化或规范体系的嵌入，重点是外在的文化、政治对网络的性质、网络的结构和网络的动态的宏观影响）[1]。

根据以上划分，下面将从三个层面考虑社会资本对相应特征的关系契约产生的影响，分别是关系性嵌入（个体层面的社会资本）与受个体影响的关系契约、结构性嵌入（结构层面的社会资本）与受结构影响的关系契约、社会性嵌入（社区层面的社会资本）与受社区影响的关系契约。

---

[1] 张其仔：《新经济社会学》，中国社会科学出版社2001年版，第66页。

一、关系性嵌入：个体层面的社会资本对履约的影响

关系性嵌入是两个交易的主体之间基于互惠预期而发生的信任关系。当交易双方基于互惠预期而产生信任，会在无限次重复博弈中形成对未来收益的可信预期，从而影响契约不完全时的履约及投资水平。这种社会资本产生于两个主体之间，形成了一种最基本的互动结构：B（买方）—S（卖方）。

可以通过引入折现率 r 来将标准模型扩展。

双方维持关系契约的激励相容约束分别为：

对卖方而言，需满足 $R + \dfrac{1}{r} v_S^R - \dfrac{\pi^{*2}}{2} \geqslant \dfrac{1}{2}\pi(u-c) + \dfrac{1}{r} v_S^N$

对买方而言，需满足 $\pi(u-c) - R + \dfrac{1}{r} v_B^R \geqslant \dfrac{1}{2}\pi(u-c) + \dfrac{1}{r} v_B^N$

即，对双方而言，都考虑的是经过折现率校正过的长远收益。在此基础上，可以解出低于最优解但高于双方自发交易时履约和投资水平的社会次优解。

两主体间的关系型嵌入所形成的受个体影响的关系契约又分为两种情形：一种如聂辉华（2013）[1] 所分析的农户与中介组织在同一市场领域中的长期重复博弈形成的关系契约；另一种情形如王永钦（2006）[2] 所分析的两个主体在关联性市场领域中的长期重复博弈形成的关系契约。

二、结构性嵌入：结构层面的社会资本对履约的影响

第二个层面的社会资本是和结构性嵌入相关的，即发生互动关系

---

[1] 聂辉华：《最优农业契约与中国农业产业化模式》，《经济学（季刊）》2013 年第 1 期。
[2] 王永钦：《市场互联性、关系型合约与经济转型》，《经济研究》2006 年第 6 期。

的双方嵌入一个更大的结构之中。关系结构从两个主体拓展到多个主体，形成网络化的结构。此时，声誉机制会对缔约一方或双方的履约行为构成约束，即主体在合约执行中的表现会形成一种信号，这会影响其在未来的贴现收益，仍然可以通过引入贴现率 r 来对标准模型加以拓展，如图 2 - 1 所示。

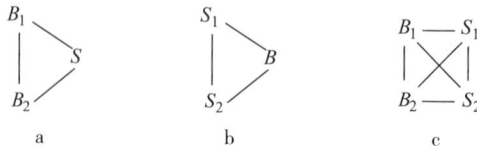

图 2 - 1　结构性嵌入示意图

资料来源：作者自绘。

图 2 - 1 中 a 表示两个买方与一个卖方的情形，此时，两个买方之间会因声誉竞争形成对其履约行为的约束；同理，图 2 - 1 中 b 表示一个买方和两个卖方的情形，图 2 - 1 中 c 则表示同时有两个卖方与两个买方形成互动。

三、社会性嵌入：社区层面的社会资本对履约的影响

第三个层面的社会资本则针对社会性嵌入的情形，此时，结构化的网络则嵌入更大的社会环境之中。此时主要考虑的是社会资本在其中运作的网络是如何嵌入更大的政治经济或文化、规范体系中去的。这个层面的社会资本影响不完全契约的履约或投资效率的机制是非正式制度约束，仍然可以通过引入折现率 r 对标准模型加以拓展，只不过此时，是社会资本所代表的非正式制度影响了行动主体对折现率 r 的预期，从而间接地影响了合约。

第三章　社区网络组织中的履约机制：
嵌入的视角

第一节　农业网络组织中的交易类型假定

我们的分析将建立在社区网络组织中发生交易的最初原点上，把社区网络组织看作当事人（农户与中介组织，或者是中介人）之间的一种契约关系或一组契约集。缔约双方在某一农业领域的市场上不期而遇，他们具有与其他市场上的交易主体一样的特征，包括：认知上的有限理性、具有机会主义心理。除此之外，他们还面临着比其他领域更大的不确定性和风险波动，而且由于农业生产过程的非标准化，加上生产者散落在广大的农村地域内，当事人之间的信息也高度不对称。不同的是，农村的交易环境有其特殊性，农业契约除了受双方资产专用性情况的影响外，通常还会受交易环境的影响。接下来的分析将说明，双方资产专用性情况将决定交易中双方行动的先后顺序，交易环境将决定交易中的参与人类型和博弈期界。

一、资产专用性状况将决定农业交易活动中双方行动的先后顺序

这里假定有两种情形：一是农户和中介组织双方中只有一方投入的资产具有专用性；二是农户和中介组织双方投入的资产均具有专用性。

（一）只有一方投入的资产具有专用性的情形

这里先以只有农户的投入具有专用性的情形来进行分析，比如农户与中介组织签订协议，由农户按照中介组织的要求生产某一种特殊的农产品，这种农产品因为其特殊性缺乏一个一般性的交易市场。那么，这种产品相对而言就是专用性的，农户的投入也就变成一种专用性投入。在 $t=0$ 时刻，农户将会考虑是否要进行这种投入，其行动策略集为（投入，不投入），并与中介组织签订契约；接下来，在 $t=1$ 时刻，自然 N 将决定市场波动的情况，假定市场价格不会偏离协议价格的概率为 q，相应地会发生偏离的概率为 $1-q$；在 $t=2$ 时刻，待农产品生产出来后，由于其特殊性和专用性，中介组织将有主动权决定是否履约，即是否按照协议价格收购该种农产品，其行动策略集为（收购，不收购）；当然，现实中中介组织不会公然违约，可以以产品色泽、性状、品质等弹性质量指标为由拒绝收购或压价收购农户已经生产出来的农产品。这个交易的行动序列可以用图 3-1 表示。

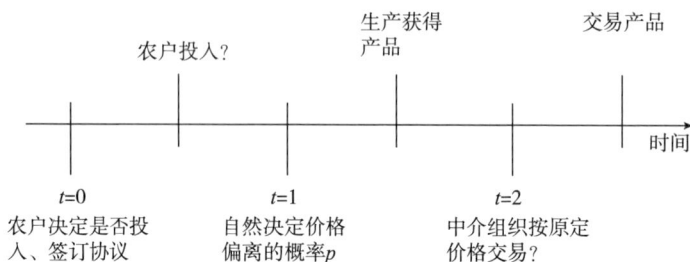

图 3-1 只有一方投入专用性资产时的决策时间序列

资料来源：本图借鉴了埃里克·弗鲁博顿、鲁道夫·芮切特（2012）《新制度经济学：一个交易费用分析范式》中对"不完备合约理论：行动序列"的图示。［美］埃里克·弗鲁博顿、［德］鲁道夫·芮切特：《新制度经济学：一个交易费用分析范式》，姜建强、罗长远译，格致出版社、上海三联书店、上海人民出版社 2012 年版，第 297 页。

另一种情形是，只有中介组织的投入具有专用性。比如，中介组织为使产品达到一定的质量要求而在前期为农户统一供种、提供标准的生产流程和技术服务等，或者是其为农产品的储藏或深加工而投入的仓库、厂房和机械设备等，都属于专用性的投入。这时的交易过程与上面只有农户投入专用性资产的情形相同，只是由中介组织先行动而已。对此不再重复描述。显然，只有一方的投入具有专用性的情形下，双方进行的是一种动态博弈。

（二）双方投入的资产均具有专用性的情形

假设在生产、加工、销售某一特殊类型的农产品时，农户和中介组织均需要进行具有专用性的投入。如图 3－2 所示，在 $t=0$ 时刻，双方就某一类型的农产品签订了未来的生产收购协议。然后先由中介组织进行专用性投入，[①] 比如统一的种子供应和标准生产的技术服务、深加工设备或市场渠道投入等，以改善产品市场收益；当中介组织投入后，双方均知道这种改善，于是在接下来的第 1 期，双方有可能就原先的协议进行再谈判，由于中介组织已经进行了专用性的投资，因此谈判主动权掌握在农户手中；随后，在第 2 期，根据谈判的状况，农户决定是否也进行相应的专用性投入，比如改善生产投入及经营管理以适应这种特殊的农产品的质量要求；最后，农产品产出后，双方进行交易。

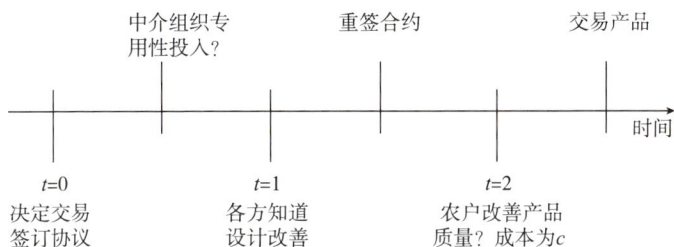

图 3－2 双方投入专用性资产时的决策时间序列

资料来源：本图借鉴了埃里克·弗鲁博顿、鲁道夫·芮切特（2012）《新制度经济学：一个交易费用分析范式》中对"不完备合约理论：行动序列"的图示。［美］埃里克·弗鲁博顿、［德］鲁道夫·芮切特：《新制度经济学：一个交易费用分析范式》，姜建强、罗长远译，格致出版社、上海三联书店、上海人民出版社 2012 年版，第 297 页。

――――――――――

① 当然，我们也可以假定先由农户投入具有专用性投资的情形，基本思路和结论与此相同。

可见，当双方都投入具有专用性的投资时，仍然存在事后再谈判的问题，并且不改变动态博弈的特点。双方的决策与只有一方投入了专用性资产的情形类似。因此，下面的分析将用只有一方投入了专用性资产的情形来进行分析。

二、农业交易环境将决定参与人的类型和博弈期界

这里将交易环境分为纯商业性环境和嵌入性环境。假定，在纯商业性环境中，交易双方除了当前交易活动中的经济利益之外并无其他关系，而在嵌入性环境中交易双方的交易活动嵌入在各种关系或网络之中，所签订的契约必然受到这些关系和网络的影响。按照前面提出的框架，嵌入性环境又分为三个层次：向双方关系的嵌入、双方关系向网络结构的嵌入，以及网络结构向社区的嵌入。接下来，我们详细分析各种交易环境中参与人的类型和博弈期界。

（一）参与人的类型

由于这里主要分析农户与中介组织在交易中的履约行为，因此这里参与人的类型主要分为合作型参与人和非合作型参与人。这种划分与张维迎（2004）[①] 在描述"非理性囚徒"和"理性囚徒"时的划分相一致。按照张维迎的解释，"理性囚徒"（非合作型参与人）是指传统意义上的理性囚徒，他是一个完全的"机会主义者"（Opportunist）；而"非理性囚徒"（合作型参与人），并不意味着他的行为是非理性的，他同样追求自身效用最大化，但他有一种特殊的效用函数，并且"讲义气、重信誉"，他确信能从这种守信中获得自身的最大收益。这里假设参与人为合作型参与人的概率为 p（$0 \leqslant p \leqslant 1$）。

[①]　张维迎：《博弈论与信息经济学》，上海人民出版社 2004 年版，第 214 页。

下面假定：（1）在纯商业性的农业环境中，农户与中介组织的行为都表现出追求自身经济收益最大化的"机会主义者"的特征，并且每个参与人在这种环境中，确信他人也都是这样的"机会主义者"。因此，在纯商业性的农业环境中，每个人都变成非合作型参与者（理性囚徒），即 $p = 0$。在嵌入性的农业环境中，农户和中介组织的行为特点呈现出多种类型。

（2）在嵌入双方关系的农业环境中，比如朋友、亲属等，交易双方在这些特定的关系环境中，类型都是确定的，并且都是合作型参与人，即 $p = 1$。

（3）当交易双方嵌入农业网络结构时，交易相关方由双方扩展到多个，参与人类型虽然是确定的，但需要放松参与人都是合作型的假定，假设参与人在网络结构中都是以某一个确定的概率 p 为合作型的，即 $p \in (0, 1)$。

（4）当交易双方嵌入农村社区中时，合作型参与人的假定进一步放松，仍假定参与人是完全理性的，即 $p = 0$。

这里需要对概率型合作者稍作说明。"角色嵌入理论"认为：每个行动者都是朋友或商人这两种角色的集合，朋友总是追求合作，而商人以使自己利润最大化为目标；参与人在博弈的不同阶段表现出不同的角色。因此，在外人看来，他总是以某一个确定的概率 p 表现出合作的特点（张其仔，1997）[①]。

从上面的类型分析中可以看出，在商业环境中（$p = 0$）、嵌入双方关系的环境中（$p = 1$）和嵌入社区的环境中（$p = 0$）时，交易双方是完全信息博弈；而在嵌入网络结构中（$0 < p < 1$）时，双方是不完全信息博弈。需要说明的是，这里的信息完全是指交易双方对彼此的行为特点非常了解，但并不意味着双方对彼此的生产过程和最终产品特征

[①]　张其仔：《社会资本论——社会资本与经济增长》，社会科学文献出版社 1997 年版。

都能进行完全的甄别和全面的了解。因此，这里的信息完全概念与前面所说农业领域里的信息高度不对称并不矛盾。

（二）博弈期界

博弈期界是指博弈持续的期数，记为 t。这里也假定，在商业性环境中，双方的交易是有限期的，$t \in [1, N]$，N 是可知的确定值；在嵌入环境中，由于外部关系的约束，双方博弈可能是短期的，也可能是无限多期的，即 $t \in [1, N]$ 或 $t \in [1, \infty)$。

简单归纳如表 3 – 1 所示。

表 3 – 1　不同环境中的参与人类型与博弈期界

环境类别 类型	纯商业性环境	嵌入性环境
参与人类型	$p = 0$	$0 < p < 1$ 或 $p \in \{0, 1\}$
博弈期界	$t \in [1, N]$	$t \in [1, N]$ 或 $t \in [1, \infty)$

资料来源：作者自绘。

第二节　纯商业性环境中的农业契约：完全信息有限次重复博弈

接下来，我们首先分析在纯商业性环境下，双方博弈可能出现的结果。先以中介组织的投入有专用性为例，比如中介组织（龙头企业）与农户签订收购协议，由后者生产供应某种特殊用途的农产品。

将交易双方分别记为龙头企业 A、农户 B，假定只有 A 的投入具有专用性（同样也可以假定只有农户 B 的投入具有专用性，不影响分析）。那么，这个博弈中，$t = 0$ 时刻，由龙头企业 A 先行动，其的行动策略集为（投入，不投入）；$t = 1$ 时刻，自然决定价格波动的状况，会出现三种情形：市场价格高于协议价格、市场价格与协议价格相同、市场价格低于协议价格，假设三种情况的概率均为 $1/3$；$t=2$ 时刻，农户 B 行动，其的策略集为（合作，不合作）。

A、B 之间博弈的战略式表达如图 $3-3$ 所示。

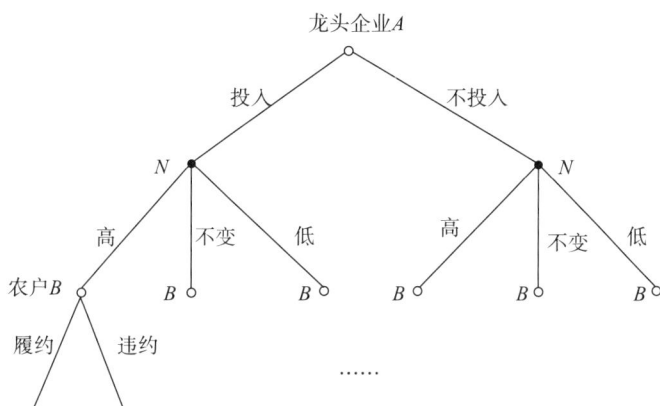

图 $3-3$　农户与龙头企业博弈的战略式表达

资料来源：本章中博弈矩阵及博弈树图，均为作者自绘，后文不再特别标注，特此说明。

我们首先看龙头企业 A 决定投入的情况，A 投入专用性投资后，自然 N 决定市场波动的情况，这时会出现市场价格高于、等于、低于协议价格三种情况，假定三种情况发生的概率都是 $1/3$；每种情况下农户 B 都可以选择是否按照协议规定的价格履行销售合同，策略集为（合作、不合作），这样龙头企业 A、农户 B 之间就会出现六种行动策略和收益的组合，如图 $3-4$ 所示。

第一种情况是龙头企业 A 投入生产、事后市场价格高于协议价格，农户 B 选择合作。比如他愿意与 A 就价格重新协商，与 A 共同分享市场状况变好所增加的剩余。这时 A、B 的行动组合为（投入，合作），为方便分析，收益组合记为 $(u_B, u_A) = (u_H^*, u_H^*)$。

第二种情况是 A 投入、市场价格高于协议价格，B 选择不合作。比如他可以以 A 无法察觉的方式将产品转卖他人，这样 B 将占有大部分剩余，A 会遭受损失。这时 A、B 的行动组合为（投入，不合作），收益组合记为（u_B, u_A）=（$\bar{u}_H$, $\underline{u}_H$）。

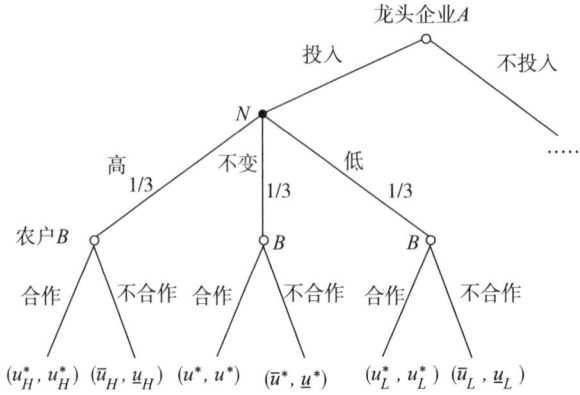

图 3-4　龙头企业 A 投入专用性生产时的博弈状态

第三种情况是 A 投入、市场价格等于协议价格，B 选择合作。也就是说，他履行协议交易产品，A、B 共同分享因专用性投资而正常增加的剩余。这时 A、B 的行动组合为（投入，合作），为方便分析，收益组合记为（u_B, u_A）=（u^*, u^*）。

第四种情况是 A 投入、市场价格等于协议价格，B 选择不合作。比如同样他可以以 A 无法察觉的方式将产品转卖他人，这样 B 将占有 A 的专用性投资所创造剩余的大部分，A 会遭受损失。这时 A、B 的行动组合为（投入，不合作），收益组合记为（u_B, u_A）=（$\bar{u}^*$, $\underline{u}^*$）。

第五种情况是 A 投入、市场价格低于协议价格，B 选择合作。这里合作意味着 B 愿意与 A 重新进行价格谈判，A、B 共同分担价格下降带来的损失。这时 A、B 的行动组合为（投入、合作），收益组合记为（u_B, u_A）=（u_L^*, u_L^*）。

第六种情况是 A 投入、市场价格低于协议价格，B 选择不合作。这里假定 B 有权强制按协议执行，如果他选择不合作意味着 A 仍然需要按照协议价格收购，A 将承担全部损失。这时 A、B 的行动组合为（投入、不合作），收益组合记为（u_B, u_A）=（$\bar{u}_L$, $\underline{u}_L$）。

同理，我们可以写出 A 不投入时的博弈战略式，如图 3-5 所示。

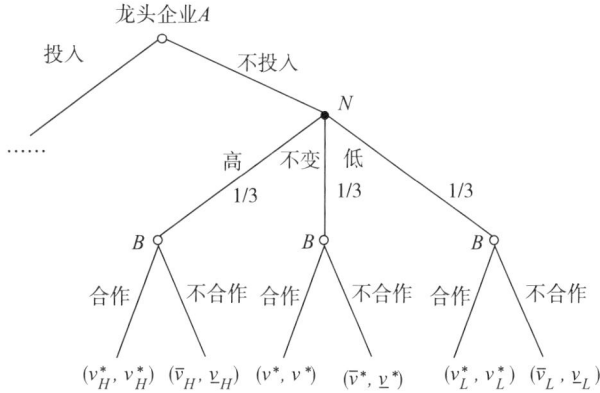

图 3-5 A 不投入时的博弈状态

这时，A、B 同样有六种关于行动策略和收益情况的组合。

接下来，我们可以分析 A、B 在不同风险状况下的策略选择。

在市场价格高于协议价格时，A、B 行动和收益的矩阵表达如表 3-2 所示。

表 3-2 纯商业性环境中市场价格高于协议价格时的博弈矩阵

		中介组织 A	
		投入	不投入
农户 B	合作	u_H^* , u_H^*	v_H^* , v_H^*
	不合作	$\overline{u}_H$, $\underline{u}_H$	$\overline{v}_H$, $\underline{v}_H$

很明显，当 A 选择投入时，由于 $\overline{u}_H > u_H^*$ ，所以 B 会选择不合作；当 A 选择不投入时，由于 $\overline{v}_H > v_H^*$ ，所以 B 也会选择不合作。也就是说，无论 A 选择投入还是不投入，B 选择不合作是其占优策略。当 A 预料到 B 总是会选择不合作后，由于 $\underline{u}_H < \underline{v}_H$ ，因此他的最优选择也是不投入。（不投入，不合作）成为 A、B 的占优策略均衡，也是一个纳什均衡。

在市场价格等于协议价格时，A、B 行动和收益的矩阵表达如

表 3-3 所示。

表 3-3　纯商业性环境中市场价格等于协议价格时的博弈矩阵

中介组织 A

		投入	不投入
农户 B	合作	u^*, u^*	v^*, v^*
	不合作	$\bar{u}^*$, $\underline{u}^*$	$\bar{v}^*$, $\underline{v}^*$

很明显，（不投入，不合作）也是 A、B 的占优策略均衡，也是一个纳什均衡。

在市场价格低于协议价格时，A、B 行动和收益的矩阵表达如表 3-4 所示。

表 3-4　纯商业性环境中市场价格低于协议价格时的博弈矩阵

中介组织 A

		投入	不投入
农户 B	合作	u_L^*, u_L^*	v_L^*, v_L^*
	不合作	$\bar{u}_L$, $\underline{u}_L$	$\bar{v}_L$, $\underline{v}_L$

这时，A、B 的占优策略均衡仍然是（不投入，不合作），这也是一个纳什均衡。

通过上面的分析可知，在一个博弈期界中，无论市场是否发生波动，A、B 的占优策略均衡都是（不投入，不合作）。在纯商业性环境中，博弈是有限期的。根据逆向归纳法，无论博弈重复多少次，由于参与人能预料到最后一次的非合作结局，倒数第二次仍然会选择非合作战略，如此类推直到博弈的开始阶段，（不投入，不合作）仍然是其占优策略均衡。也就是说，在纯商业性环境中，最终总会出现非合作解。

第三节 嵌入双边关系的农业契约：合作型参与人重复博弈

这里的双边关系是指农户和中介组织在交易之外形成的或者说先于交易活动已经存在的各种关系。农村中普遍存在的各种关系，比如血缘关系、亲缘关系、地缘关系，以及熟人朋友关系等，在双方交易活动开始前都已经存在，并将长期存在。为了分析的准确性，这里将双边的契约严格界定为双方在交易过程中的契约，并不考虑双方在交易之外的其他隐性或非正式契约。比如朋友关系中，交易双方除了当前的交易活动，还可能已经、正在或即将发生其他领域的交易行为，这些交易活动和当前的交易共同嵌入了一定的结构之中，它们都会对当下的交易活动产生影响。但这里只考虑双方关系对当前交易活动中所形成的契约的影响，那些会对当前交易产生影响的其他交易活动将放在后文关于网络结构的分析中加以考量。

因此，对于嵌入双边关系的农业契约，可以对双方的行动策略和收益情况做如下假定：

（1）农户和中介组织（人）类型都是确定的，并且都是合作型的，即 $p = 1$。之所以这样假定，是因为在双方开始当前的交易活动前，原有的关系结构使参与人天然成为合作型的参与人，比如血缘、亲缘、地缘关系；或者是原有的关系结构已经排除了非合作型的参与人，比如朋友关系，一旦参与人采取非合作行为，双方的朋友关系就不复存在了。当然，这种假定在那些特定的关系中都是合理的，但关系的限定比较严格，我们会在后面的分析中逐步放宽到一般性的关系。

（2）农户和中介组织（人）都确知彼此是合作型的参与人。

（3）农户和中介组织对彼此可能的行动策略，以及各种行动下自己和对方的收益状况都是知晓的。

（4）农户和中介组织都知道市场波动的概率，为简化分析，假定市场价格高于协议价格的概率、等于协议价格的概率、低于协议价格的概率均为 1/3。

（5）农户和中介组织进行交易（合作）的领域主要是在农业生产经营领域，假设交易量为 X，则农户效用函数为 $U_a = F_a（X）$，中介组织效用函数为 $U_p = F_p（X）$，双方以此作为主要决策依据。

根据这些假定，当农户和中介组织嵌入双边关系之中时，双方之间进行的是完全信息下有限多次重复博弈。

接下来，我们看农户和中介组织只有一方投入了专用性资产的情况，这时，双方是动态博弈。在一个博弈期界内，双方行动策略与收益的战略式与上文相同，矩阵式表达也与上文相同。

当市场价格高于协议价格时，中介组织 A、农户 B 行动和收益的矩阵表达如表 3 – 5 所示。

表 3 – 5　嵌入型环境中市场价格高于协议价格时的博弈矩阵

中介组织 A

		投入	不投入
农户 B	合作	u_H^*, u_H^*	v_H^*, v_H^*
	不合作	$\overline{u}_H$, $\underline{u}_H$	$\overline{v}_H$, $\underline{v}_H$

在博弈开始时，中介组织 A 先考虑其行动策略，由于 A、B 都是合作型的，所以他知道农户 B 在双方关系的制约下会保持合作，而且他知道 B 如果保持合作，B 也知道他会持续投入。这样中介组织与农户都会考虑在多期合作中贴现收益的总和。这样农户的预期收益就变成有限多期博弈中收益贴现值的加总，假设期界为 N 期，农户的预期收益为：

$$U_B = u_H^* + u_H^* \times r + u_H^* \times r^2 + \cdots + u_H^* \times r^{N-1} = u_H^* \times \frac{1 - r^N}{1 - r}$$

而如果农户不合作，就会影响其至终结双方的关系，以后中介组织将永远不再与他合作，即不再投入可以改善产品并能使收益增加的专用性投入，那么农户在 N 期内的总收益将变为：

$$U'_B = \bar{u}_H + \bar{v}_H \times r + \bar{v}_H \times r^2 + \cdots + \bar{v}_H \times r^{N-1} = (\bar{u}_H - \bar{v}_H) + \bar{v}_H \times \frac{1 - r^N}{1 - r}$$

只要 $U_B \geqslant U'_B$，中介组织就会确信，农户 B 不仅是合作型的，而且他不会出现背叛行为损害彼此的关系。

解这个式子，有 $\dfrac{1 - r}{1 - r^N} \leqslant \dfrac{u_H^* - \bar{v}_H}{\bar{u}_H - \bar{v}_H}$，即在有限的 N 期博弈中，中介组织与农户的合作能否最终达成，既与贴现率 r 有关，也与专用性投资对产出的改进程度以及违约带来的相对收益变化有关。

同样，我们可以求得市场价格等于协议价格时的合作参与约束条件为：$\dfrac{1 - r}{1 - r^N} \leqslant \dfrac{u^* - \bar{v}^*}{\bar{u}^* - \bar{v}^*}$。

当市场价格低于协议价格时的合作参与约束条件为：$\dfrac{1 - r}{1 - r^N} \leqslant \dfrac{v_L^* - \bar{v}_L}{\bar{u}_L - \bar{v}_L}$。

上述分析表明，当农户与中介组织（人）嵌入双方特定的关系中时，虽然进行的是完全信息下的有限次重复博弈，但仍能出现合作。这里与逆向归纳法描述的情形最大的不同在于，由于农户和中介组织都是合作型的，农户在交易的最后一期中仍将保持合作，中介组织（人）也相信这一点，因此，他在一开始会放心地进行专用性投入。这是双方出现合作解的根本保证。

第四节　嵌入网络结构的农业契约：不完全信息有限次重复博弈

当农户和中介组织嵌入更大的交易结构时，相关人也从两方扩展为多方，从而形成网络结构。在网络结构中，可能存在着上述的血缘、亲缘、地缘及朋友关系，但直接的缔约双方之间并不一定存在这些关系。比如，中介组织（人）与多个农户形成的网络组织，农户之间可能存在上述关系，某些农户与中介组织（人）之间也可能存在这些关系，但并非每个农户与中介组织（人）之间都存在这些关系。他们之间可能仅仅是因经济交易而形成的临时的合作关系、伙伴关系等。在现实世界中，缔约双方的这种关系类型更为普遍。可以举出几种典型的网络结构，比如：一个合作社（或龙头企业）与农户之间有长期稳定的产销联系，此时，由合作社作为担保人，引入一个金融机构为农户提供贷款，三者就形成一种典型的网络结构。此时，农户与金融机构之间并没有特定的关系。双方之前并不了解。因此，在网络结构中，上述那些对缔约双方关系的严格假定被放宽了。

这里，对于嵌入网络结构中的农业契约，对双方的行动策略和收益情况做如下假定：

（1）农户和中介组织（人）类型都是确定的，并且是合作型的，概率为 p，$p \in (0, 1]$。之所以假定 $p \neq 0$，是因为农户和中介组织（人）之间虽然并不一定有那些天然关系和朋友关系，但在网络结构中，参与人仍然受到这些关系的影响，完全的机会主义者很容易被甄别出来。

（2）农户和中介组织（人）都确知对方是合作型参与人的概率为 p。

（3）农户和中介组织都严格选择"冷酷战略"，即一旦对方选择违约，他将"绝不原谅对方的任何背信弃义的行为"（张维迎，2004），永远采取报复措施。也就是说，在对方违约之前，他不会首先选择违约。

（4）农户和中介组织对彼此可能的行动策略，以及各种行动下自己和对方的收益状况都是知晓的。

（5）农户和中介组织都知道市场波动的概率，即市场价格高于协议价格的概率、等于协议价格的概率、低于协议价格的概率均为1/3。

（6）农户和中介组织之间除了直接与农业生产经营领域中的某一类产品（X_1）进行交易（合作）外，双方还与网络结构中的第三方进行其他产品（X_i）的交易（合作），这也会对交易双方的决策产生影响，这时，农户决策所依据的效用函数变为 $U_a = F_a (X_1, \cdots, X_n)$，中介组织决策依据的效用函数为 $U_p = F_p (X_1, \cdots, X_n)$。

现在考虑，农户和中介组织只有一方投入了专用性资产的情形，由于当事人之间行动顺序有先有后，这时，双方之间构成了一种不完全信息条件下的有限次重复博弈。

根据经典的 KMRW 声誉模型，在不完全信息有限次重复博弈中，如果双方都预料到彼此会采取"针锋相对"的策略（即当事人会根据对方合作与否而相应选择自身是否合作），只要重复次数 N 足够大，就会存在一个 $N_0 < N$，使得理性的当事人在 N_0 之前的阶段选择合作，而在 N_0 之后选择不合作；并且，不合作阶段的开始与博弈总次数 N 无关，而与当事人会采取"针锋相对"策略的概率 p 有关（张维迎，2004）[①]。

KMRW 声誉模型的含义在于，当每个当事人选择守信时，固然他会面临对方违约的风险；但如果他采取违约行为，在以后的博弈阶段

[①]　张维迎：《博弈论与信息经济学》，上海人民出版社 2004 年版，第 214 页。

中他将遭到对方的报复，从而失去长期合作的可能。因此，如果博弈的次数足够多，使得未来长期合作的收益大于暂时被出卖带来的损失，他将在一开始就选择履约，以树立良好的声誉。只有到博弈快要结束的时候，他才会恢复机会主义者的本性，选择违约获取最后的短期收益。

根据这个模型，我们考虑纯商业性环境中双方均投入了专用性资产的农业契约中，当市场价格高于协议价格时双方的博弈情况。博弈矩阵如表 3 – 6 所示。

表 3 – 6　嵌入网络结构中市场价格高于协议价格时的博弈矩阵

中介组织 A

		投入	不投入
农户 B	合作	u_H^* , u_H^*	v_H^* , v_H^*
	不合作	$\bar{u}_H$, $\underline{u}_H$	$\bar{v}_H$, $\underline{v}_H$

先考虑 A（农户或中介组织）的行动策略，如果他在某个博弈期界时首先选择不合作，比如 A 由于某种原因选择不投入，或者是对 B 产生了不信任的担忧不再投入，就会暴露出自己是非合作型的，那么以后 B 都不能再确信 A 能一直保持投入，所以 B 将选择不合作获得一次性最大收益。可以预见，此后的阶段双方都必将永远选择不合作。首次不合作的时期记为 $n = 1$，他在 $n = 1$ 阶段获得收益 v_H^*；之后到博弈结束（$n = N$）的阶段他都将获得收益 $\underline{v}_H$。因此，其总收益就是：

$$v_H^* + \underline{v}_H + \underline{v}_H + \cdots + \underline{v}_H = v_H^* + \underline{v}_H (N - 1)$$

另一种情况是 A 一直选择合作，即持续投入，当 B 是合作型参与人时（概率为 p），A 每个阶段都将获得收益 u_H^*；而如果 B 是非合作型参与人（概率为 $1 - p$），当期 A 将获得收益 $\underline{u}_H$，此后他将采取"冷酷战略"，获得收益为 $\underline{v}_H (N - 1)$。因此，A 获得的总收益为：

$$p \times u_H^* \times N + (1 - p) \times \left[\underline{u}_H + \underline{v}_H (N - 1) \right]$$

因此，只要满足 $p \times u_H^* \times N + (1 - p) \times \left[\underline{u}_H + \underline{v}_H (N - 1) \right] \geqslant$

$v_H^* + \underline{v}_H(N-1)$，也就是 $N \geqslant \dfrac{v_H^* - p\,v_H - (1-p)\,\underline{u}_H}{p\,u_H^* - p\,\underline{v}_H}$，$A$ 就会在 N 之前的阶段选择履约。

而对于 B 而言，如果他某一次选择不合作，A 以后都将采取以牙还牙的措施惩罚 B 的违约，B 当期的收益为 $\bar{u}_H$，此后每个阶段的收益都将变为 $\bar{v}_H$。因此，B 的总收益为：

$$\bar{u}_H + \bar{v}_H + \bar{v}_H + \cdots + \bar{v}_H = \bar{u}_H + \bar{v}_H(N-1)$$

如果 B 一直选择合作，A 以 p 的概率会选择持续投入，B 每期收益均为 u_H^*；A 也会以 $(1-p)$ 的概率选择不再投入，B 也会选择不合作，此后 A、B 将永远选择不合作。B 此时发现，他在上一期因没有及时采用机会主义行为而潜在的"损失"为 $(\bar{u}_H - u_H^*)$，从当期开始以后每期的收益为 $\bar{v}_H$。此时，B 的总收益为：

$$p \times u_H^* \times N + (1-p) \times \left[\bar{v}_H \times N - (\bar{u}_H - u_H^*)\right]$$

只要满足 $p \times u_H^* \times N + (1-p) \times \left[\bar{v}_H \times N - (\bar{u}_H - u_H^*)\right] \geqslant \bar{u}_H + \bar{v}_H(N-1)$，即 $N \geqslant \dfrac{\bar{u}_H - \bar{v}_H + (1-p)(\bar{u}_H - u_H^*)}{p\,u_H^* - p\,\bar{v}_H}$，$B$ 就会在 N 之前的阶段一直选择合作。

当市场价格等于协议价格、市场价格低于协议价格时的情形与此相同，在此不再赘述。

声誉模型的启示就在于如何在缔约双方之间构建一种长期的关系，使得声誉机制对履约产生影响。根据前面的分析，由于农业投资的高度专用性和风险波动特性，投入了专用性资产（或投入资产的专用性相对更强）的一方会有更大的激励去维持稳定的契约关系；而由于农业经营的高度风险性，即便是投入资产不具有专用性或专用性较弱的一方，也会出于获得长期稳定收益的考虑而有履约的激励，关键问题在于能否借由一定的制度设计使得缔约双方确立一种长期的关系，以使得双方都确信对这种长期总收益的预期是有保障的。

在长期购销契约中，声誉机制对履约的作用非常明显。较为常见的是农户与中介组织确立了长期的合作意向，当出现自然风险造成生产损失或者是市场波动造成价格下跌时，中介组织出于长期合作和自身长远发展的考虑也会保证履约。比如，一家著名品牌的服装企业希望推出有机棉原料的新产品，便在山西某地大规模推广有机棉种植，以获得稳定并且有质量保证的原料供应。然而，由于自然气候原因，加上技术不成熟等因素，前几年的棉花质量并不能完全合乎要求，这家企业出于自身长远战略发展的考虑，仍然按照合同价格收购，与农户共同分担损失，从而保障与合同农户的长期契约关系。在市场价格出现波动低于合同价格时，中介组织也会出于长远稳定货源的考虑而选择履约，如著名的农业龙头企业温氏集团就曾有几次在鸡肉价格出现波动时，保证按合同价格收购养殖户的产品。同样，在长期合作契约中，农户也会非常重视自身的声誉，例如在内蒙古阿拉善草原地区的一家奶牛合作社与某著名牛奶品牌企业签订了长期的鲜奶供应协议，当一次由于合作社生产事故导致出产的牛奶浓度不能达标时，合作社主动向企业的收购站汇报情况，并表示愿意按照次等品价格卖出，但收购站了解到确实是无心之失后，仍按原定的收购价格支付。可见，在这种长期合约关系中，缔约双方都非常注重自身的声誉，正是声誉机制使当事人可能出现的机会主义行为得到了抑制。

第五节　嵌入社区的农业契约：完全信息
无限次重复博弈

现在考虑嵌入社区的情形。根据前文对农业网络组织交易特点的分析，当嵌入社区中时，参与人将在多个领域进行交易（合作）。各参与人缔约的领域包括农业生产经营领域（农户获得 X_i），为家庭替代生产时间密集型 Z 产品的领域（农户获得 Z_i），以及提高农户闲暇效应的领域（H）。

据此，我们可以对嵌入社区的农业契约作出如下假定：

（1）农户和中介组织（人）类型都是确定的，即 $p=1$ 或 $p=0$。之所以这样假定，是因为交易主体嵌入社区中后彼此信息对称。参与人要么是"非理性囚徒"（合作型参与人 $p=1$），要么是"理性囚徒"（非合作型参与人 $p=0$）。其中，前文所讨论"非理性囚徒"（$p=1$）是当交易双方嵌入血缘、亲缘、地缘关系或朋友等特殊关系结构中时的极端情形；这里，我们将考虑更为一般性的情形，即农户和中介组织都是"理性囚徒"（$p=0$）的情形。

（2）农户和中介组织（人）都确知彼此的类型。

（3）农户和中介组织（人）对彼此可能的行动策略，以及各种行动下自己和对方的收益状况都是知晓的。

（4）因当嵌入社区中时：a. 农户考虑的是家庭总体效用最大化，其决策依据是 $U_p=F_p$（X_1，$\cdots$，X_n；Z_i；H）。b. 中介组织与农户直接交易的领域是农业生产经营领域，其决策依据是 $U_a=F_a$（X_1，$\cdots$，X_n）。c. 社区主要是为农户家庭提供其所必需的 Z 产品和闲暇效用，因此社区的决策依据是 $U_c=F_c$（Z_i；H）。d. 中介组织通过社区作为媒介与农户在家庭必需的 Z 产品和闲暇"产品"中形成交易（合作）。

（5）农户与中介组织在农业生产经营的某一具体领域形成的是有限次重复博弈；但由于农户家庭对 Z 产品和闲暇的需求是刚性的，中介组织通过社区与农户在这些领域形成了无限次重复博弈；因此，当嵌入社区时，农户与中介组织总体上形成的是无限次重复博弈。

根据以上假定，农户与中介组织嵌入社区中时，双方形成的是完全信息下的无限次重复动态博弈。

在无限次重复博弈的情形下，参与人考虑的是未来无限多期收益贴现值的总和，设贴现率为 δ，每个阶段的收益分别为 π_1，π_2，$\cdots$，π_t，其贴现收益总和为 $\sum\limits_{t=1}^{\infty} \delta^{t-1} \pi_t$。为了方便分析，假设每个阶段平均收益为 π，根据无穷等比数列的运算法则，其收益贴现值总和又可以记为 $\dfrac{\pi}{1-\delta} = \sum\limits_{t=1}^{\infty} \delta^{t-1} \pi_t$。

根据无名氏定理（Folk Theorem）[1]，在无限次重复博弈的情况下，只要参与人有足够的耐心（即贴现率 δ 足够大），能够满足其个人理性行为的特定的子博弈精炼纳什均衡结果就会出现。直观的理解是，如果博弈是无限多次重复的，短期机会主义行为所得与长期收益贴现值的总和相比是那样的微不足道，而参与人一旦又一次选择违约，双方将回到非合作的状态，他也将失去长期收益。因此，参与人有充分的激励选择履约。

下面我们据此来考察农业契约中双方的博弈结果。在单期博弈中，双方博弈与纯商业环境中的情形一样。同样，为了方便分析，我们简单复制上文中的表，得到嵌入社区中时双方的博弈矩阵式表达，如表3－7所示。

表3－7　嵌入社区中市场价格高于协议价格时的博弈矩阵

中介组织 A

农户 B		投入	不投入
	合作	u_H^*，u_H^*	v_H^*，v_H^*
	不合作	$\overline{u}_H$，$\underline{u}_H$	$\overline{v}_H$，$\underline{v}_H$

由于前面已经假定参与人在博弈中都具有"针锋相对"的非理性

---

[1]　张维迎：《博弈论与信息经济学》，上海人民出版社 2004 年版，第 129 页。

特征，也就是说，如果 B（中介组织）选择履约，A（农户）就会继续选择投入，直到某一阶段中介组织违约，此后农户将在以后的博弈中永远选择不再投入以实施报复。中介组织当期的收益为 $\bar{u}_H$，此后每个阶段的收益都将变为 $\bar{v}_H$。

此时，中介组织总收益为：

$$\bar{u}_H + r \times \bar{v}_H + r^2 \times \bar{v}_H + \cdots = \bar{u}_H - \bar{v}_H + \frac{\bar{v}_H}{1 - r}$$

若中介组织一直选择合作，农户也会选择持续投入，中介组织每期收益均为 u_H^*。

此时，中介组织总收益为：

$$u_H^* + r \times u_H^* + r^2 \times u_H^* + \cdots = \frac{u_H^*}{1 - r}$$

只要满足 $\dfrac{u_H^*}{1 - r} \geqslant \bar{u}_H - \bar{v}_H + \dfrac{\bar{v}_H}{1 - r}$，即：$r \geqslant \dfrac{\bar{u}_H - u_H^*}{\bar{u}_H - \bar{v}_H}$，中介组织就会一直选择合作。

同理，可以求得当市场价格等于协议价格时，中介组织选择合作的约束条件为：

$$r \geqslant \frac{\bar{u}^* - u^*}{\bar{u}^* - \bar{v}^*}$$

当市场价格低于协议价格时，中介组织选择合作的约束条件为：

$$r \geqslant \frac{\bar{u}_L - u_L^*}{\bar{u}_L - \bar{v}_L}$$

反过来，当中介组织的投资具有专用性时的情形与此类似。可以看出，由于中介组织和农户对彼此行动空间的清楚认知和对违约惩罚的可置信威胁，如果一方违约，另一方也可以在下一期的行动中采取报复加以惩罚，这成为一种可置信的威胁。同时，对于一个具有有限理性和风险规避特点的决策主体，维持长期合作能够给彼此带来的互惠，和对未来不确定风险的担忧，使得其更愿意选择履行合约。正是在这些前提下，无限次重复博弈中产生的对互惠的预期，成为履约的保障。

在传统经济社会中，互惠是一种普遍存在的现象。如波兰尼（2007）以西梅拉尼西亚的特罗布里恩岛为例对前资本主义社会经济社会运行状态的描述，他指出互惠（Reciprocity）是该岛上经济社会运转的主要机制之一[①]，他描写道：

> 大量免费的礼物（Free Gifts）——这种礼物被预期将得到回馈，尽管这种回馈并不必然出自同一个个体——交换的行为是一个结构严密连续不断的过程，并且通过复杂的公开手段、魔法仪式以及不同团体之间基于相互义务而相互联系的"对偶结构"来提供保护。（《大转型》，第41页）

> 互惠原则之运转是为了他的女人和孩子的利益，并由此使他符合社会美德的行为从经济上得到报偿……互惠的宽泛原则既有助于维护生产，又有助于家庭生计……（《大转型》，第41页）

当然，在波兰尼的描述中，互惠仅仅在家庭和亲属关系下才发挥主导的作用。

另一种对于传统社会中基于无限次重复博弈而产生长久合作的描述见于奥斯特罗姆的著作中。奥斯特罗姆（2010）曾建立了一个模型，在公共池塘资源的使用中，各个主体之间进行无限次重复博弈最终会出现合作解，并最终成为一套稳定运行的机制。

此外，阿克尔洛夫（Aklerlof, 1982）所描述的"礼物交换"的情形也反映了互惠原则在履约中所发挥的作用。他写道：

> 在礼物交换中，由于交换条件对行为所产生的影响，买者可能愿意支付高于他们能够以最低价格购买到产品或要素时的价

---

① ［英］卡尔·波兰尼：《大转型：我们时代的政治与经济起源》，冯钢、刘阳译，浙江人民出版社2007年版，第41页。

格。类似地，由于交换条件对行为所产生的影响，卖者可能愿意接受低于他们可以按照最高价格售出产品或要素服务时的价格。①

直到现在，我们仍能看到诸多类似这种因"嵌入"双方关系而形成无限次重复博弈的例子。一种是本身具有亲缘、地缘这样长久固定关系的农户之间所形成的合约。这种合约关系在传统农村中十分常见，而且涉及各种契约类型。比如在农忙时节常见的换工，出工者涉及公共品供给或者公共资源使用和维护的合作协议。

另一种是具有这样关系的农户之间组建的新的中介组织——社区合作社，社员与中介组织间的信息也是完全的，并且也可能形成无限期合约关系，比如日本的综合农协与基层农户之间形成的就是一种长期合作关系，至今已经稳定运行百余年。

还有一种是农户与中介组织经过长期合作后，彼此信息变得完全，而且又发展成无限期的长期合作关系。如罗虚带尔合作社，和东亚地区（日本、韩国、中国台湾地区）的综合农协（农会）一样都是稳定运行了上百年，相对于每个自然人而言，与合作社这种中介组织维持了一生的稳定合作。

第六节　各种环境下农业契约的履约对比

上面对纯商业性环境、嵌入双方关系、嵌入网络结构及嵌入社区的农业契约所做的对比分析，可以简单用表 3-8 列示如下。

---

① ［美］埃里克·弗鲁博顿、［德］鲁道夫·芮切特：《新制度经济学：一个交易费用分析范式》，姜建强、罗长远译，格致出版社、上海三联书店、上海人民出版社 2012 年版，第 206 页。

表3-8　各种环境下的博弈类型

		纯商业性环境	嵌入双方关系	嵌入网络结构	嵌入社区
参与人类型		$p=0$	$p=1$	$0<p<1$	$p=0$
合作领域	农户	$U_p=F_p\ (X)$	$U_p=F_p\ (X)$	$U_p=F_p\ (X_1,\ \cdots,\ X_n)$	$U_p=F_p\ (X_1,\ \cdots,\ X_n;\ Z_i;\ H)$
	中介组织	$U_a=F_a\ (X)$	$U_a=F_a\ (X)$	$U_a=F_a\ (X_1,\ \cdots,\ X_n)$	$U_a=F_a\ (X_1,\ \cdots,\ X_n)$
	社区	—	—	—	$U_a=F_c\ (Z_i;\ H)$
博弈类型		完全信息有限次重复博弈	合作型参与人重复博弈	不完全信息有限次重复博弈	完全信息无限次重复博弈

（1）当农户与中介组织在纯商业性环境中签订长期契约时，双方进行的是一种完全信息有限次重复博弈。由于参与人的机会主义行为（$p=0$），根据逆向归纳法，无论博弈重复多少次，由于参与人能预料到最后一次的非合作结局，倒数第二次仍然会选择非合作战略，如此类推直到博弈的开始阶段，仍会采取不合作行为。因此，在纯商业性环境中，双方会出现非合作解。

（2）当农户与中介组织嵌入双边关系中时，虽然双方仍然进行的是完全信息有限次重复博弈，但由于关系的约束，使得农户和中介组织都表现出合作型的（$p=1$）参与人的特征。由于相信对方每次都会采取合作行为，农户和中介组织都会追求重复博弈中的长期收益，因此，每次都会采取合作行为。

（3）当农户与中介组织嵌入网络结构中时，我们将双边特殊关系约束下的合作型参与人的严格假定做了放松：假定农户和中介组织是合作型的参与人的概率为 p（$0<p<1$）。农户与中介组织嵌入网络结构包括两种类型：一种是双方同时在多个经营领域进行交易（合作）所形成的纵向网络结构；另一种是双方都与网络中的第三方在其他领域进行交易（合作）所形成的横向网络结构。这时，农户与中介组织的决策函数分别为 $U_a=F_a\ (X_1,\ \cdots,\ X_n)$ 和 $U_p=F_p\ (X_1,\ \cdots,\ X_n)$。双方在多个领域形成了多次重复博弈，这时双方形成了不完全信息条件下的有限次重复博弈，根据经典的 KMRW 声誉模型，交易双方为了维

护良好的声誉以获得长期合作收益，会在博弈结束前保持合作。

（4）当农户与中介组织嵌入社区中时，为了说明社区正式制度与非正式制度对合作的根本影响，我们把对参与人行为特征的假定放松成更一般的情形，即农户和中介组织在经济领域的交易活动中的行为特征都符合一般市场条件下的理性经济人的特征（或者说在博弈中符合"理性囚徒"，$p = 0$ 时的特点），而且双方同一时间仅在某一经营领域内进行交易（合作）。但由于当双方嵌入社区中，中介组织会通过社区与农户在其刚性需求的 Z 产品和闲暇领域形成长久合作，这种长久合作又会对双方在经验领域的交易（合作）产生影响，使得双方能够在同一个经营领域进行长期合作，或是持续不断地在不同的领域内维持长期合作。总之，当嵌入社区中时，农户与中介组织总体上形成了完全信息无限次重复博弈。根据无名氏定理，只要双方有足够的耐心，就能够出现合作解。

第四章 社区网络组织的产权结构

第一节 组织产权设置的理论逻辑：剩余权与激励

按照较为通行的看法，产权是一束权利的集合，包括占有权、使用权、收益权和处置权等。根据杨瑞龙、周业安（2000）① 的分析，组织治理中的产权由剩余索取权和控制权构成。其中，组织的剩余索取权是财产所有权中的收益权的延伸，而控制权则与占有权、使用权和处置权相关。

一、组织剩余索取权与控制权问题

组织剩余索取权的存在是契约不完全的必然要求，因为组织（科层）本身就是契约不完全条件下作为市场的替代物而出现的。在契约不完备的条件下，持有各种类型资产的参与人，在组织中如何进行生产、如何进行分配往往难以在契约中完全地说明。所以，谁拥有剩余索取权将决定组织中的参与各方在事后讨价还价中的利益分配格局，这必将直接影响各参与人在组织生产中的行为和绩效。尤其是对于投入了专用性资产的参与人而言，剩余的分配格局直接与其投资激励相

---

① 杨瑞龙、周业安：《企业的利益相关者理论及其应用》，经济科学出版社 2000 年版，第 85 页。

关（Grossman，Hart，1986）。

当然，仅仅考虑了组织的剩余索取权还不够。因为，虽然剩余索取权规定了参与人对组织剩余的分配格局，但并不意味着他自动就会获得这些剩余。比如，在中国改革开放以来一直激烈讨论的关于国有企业的治理中，虽然国家是国有企业的股东，代表全民按股份确定的比例占有企业的剩余；但曾经有一个时期，许多国有企业在经营不善的状况下，自身收支都难以达到平衡，往往还需要财政补贴，更不用说向国家上缴利润了。也就是说，组织剩余索取权的实现首先要以组织的绩效为前提。这就涉及组织所有权中的另一项权利——剩余控制权。

剩余控制权，是由以格罗斯曼和哈特（Grossman，Hart）、哈特和穆尔（Hart，Moore）等为代表的新产权学派所提出的，主要考虑的是不同的生产单位一体化（形成组织）之后的绩效问题。因为在市场中，机会主义带来的不信任很可能使得双方在事前难以放心地投入，这就会扭曲当事人的投资激励，损害了效率，于是，双方一体化为一个科层组织就成为一种选择。并且将那些在初始契约中无法规定的权利——剩余控制权，由其中最容易受到机会主义侵害的一方购买过去，以便于他可以根据实际情况，在不违背初始契约及法律的情况下，酌情考虑组织资源的使用。而控制权的具体内容，按照杨瑞龙、周业安（2000）[①] 的解释："通常包括监督权、投票权等，它可以是明确指定的，也可以是暗含的，但它一定与企业决策有关。"哈特（1995）[②] 甚至明确将剩余控制权与组织的所有权等同起来，以表明其在组织治理中的重要性。

那么，如何对组织的所有权，即剩余索取权及控制权进行有效的配置呢？首先需要面对的一个问题是组织的剩余是如何产生的。这就

---

① 杨瑞龙、周业安：《企业的利益相关者理论及其应用》，经济科学出版社2000年版，第85页。

② Oliver Hart, *Firm*, *Contract and Financial Structure*, Oxford University Press, 1995, p. 30.

又涉及了组织为什么会存在，即对组织的本质是什么这个问题的认识。对此，团队生产理论和交易费用理论分别从不同的角度给出了解释。

二、团队生产理论对产权的解释：激励监督者

团队生产理论主要是在阿尔钦、德姆塞茨（1972）[①] 和霍姆斯特朗（1982）[②] 的研究基础上形成的。例如，阿尔钦和德姆塞茨（1972）认为企业存在的意义在于其团队生产性质。具体而言，团队生产理论对产权的解释包括以下三个部分。

（一）团队生产会带来额外租金

在团队生产中，生产活动总是由众多持有不同生产要素的参与者的共同参与来完成，而组织的优势在于，团队的总生产率要大于个体分产出之和（A. 阿尔钦、H. 德姆塞茨，1972）。

提高生产率的一个独特的来源是它的"队"生产率。在队中，产出并不是每个特定的合作性投入的分产出之和，而是由一个团体所生产的不可分解的没有归属的价值。……它生产了一个无法分解的最终产品价值。

当两个人联合将一重物运上卡车时，我们只能观察到他们每天装载的总重量，却无法决定每个人的生产率。在队生产条件下，如果仅仅观察总产出，就很难确定单个人对他们联合投入的产出所作出的贡献。按照定义，产出应属一个队，而且它还不是每个分成员的分产出之和。队生产 Z 至少包括两种投入 x_i 和 x_j。其生产函数也不能分解为包括投入 x_i 和 x_j 的两个生产函数，因此，不能将 Z 的两个分生产函数之

[①] A. Alchian, Hanold Demsets, "Production, Information Costs and Economic Organization", *A. E. R.*, Vol. 62, 1972, pp. 777 – 795.

[②] B. Holmstrom, "Moral Hazard in Teams", *The Bell Journal of Economics*, Vol. 13, No. 2, 1982, pp. 324 – 340.

和作为队生产函数 Z （举一个例子，$Z_i = ax_i^2$，$Z_j = bx_j^2$，$Z = Z_i + Z_j$，这不是队生产）。这里的奥秘就在于 Z 所获得的一些生产技术大于 x_i 和 x_j 分别生产 Z 时的情形。如果通过队生产所获得的产出大于 Z 的分生产之和加上组织约束队生产成员的成本，就是使用队生产（A. 阿尔钦、H. 德姆塞茨，1972）。

（二）要素贡献具有不可分性

显然，组织租金是因组织的成立而形成的一种额外的剩余。随之而来的一个问题就是，既然组织租金是参与的各要素协同产生的、难以分割的；而且每种生产要素都会对其他要素的边际生产率产生影响，那么对于各种要素的边际贡献率如何测定呢？如果不能准确测定各要素贡献并据此分配剩余的话，组织中的偷懒和机会主义行为就无法避免了。一个最为浅显的例子是，在搬运砖块儿时，假如每人独自能搬 20 块，两人抬的话可能会搬 60 块，而如果三人合作借助手推车运输（比如一人在前面拉，两人在后面推）的话可能达到 200 块。这里团队生产的效率和优势就非常明显。但如果推车的三人中有人偷懒的话，别人并不能察觉。最后，本来是提高效率的团队协作生产，很可能变为"一个和尚挑水喝，两个和尚抬水喝，三个和尚没水喝"的结局。

（三）产权是激励和监督的手段

于是，团队生产理论认为，克服偷懒行为的最好办法就是安排一个专职的人员来对生产过程进行监督。但是，随之而来的问题是谁来对监督者进行监督呢？于是，监督者本身的激励又变成一个问题。从逻辑上推论，赋予监督者剩余索取权能够保证其监督的积极性。于是，企业就应该由其所有者——资本家进行监督。于是，资本家就成了一个"中心签约人"的角色：他与其他所有要素所有者进行签约；由他对企业的生产活动进行监控；并由他来行使那些无法在初始契约中明确约定的企业所有权的权利；最重要的是，由他来享受剩余索取权。由阿尔钦和德姆塞茨所发展出来的这个团队生产理论很好地解释了所有者和经营者合一的企业治理机制，形成了传统的产权理论。杨瑞龙、周业安（2000）称之为古典企业。[①] 很明显，在古典企业中，剩余索取权和控制权都集中在资本家手中。

三、交易费用理论对产权的解释：保护专用性资产

（一）组织存在的经济逻辑是节约市场交易费用

科斯（1937、1960）开创的交易费用理论是理解组织本质的另一种视角。在他那篇著名的《论企业的性质》一文中，科斯认为：相对于市场，企业的比较优势在于节约了市场中的交易费用；当然，企业内部的等级化指令性的生产方式也损害了其他要素所有者在市场中独自生产的高能激励。于是，企业的边界就在所节约的交易费用和多增加的内部成本的平衡中得到确定。

（二）交易费用产生于资产专用性和人的机会主义行为

顺着上面的思路，威廉姆森进一步发展了交易费用的思想，并逐渐形成了交易费用经济学的分析范式。其中的一个关键性的概念就是资产专用性。所谓专用性资产，就是一种资产一旦投入于特定用途，就很难再挪作他用。在交易费用经济学看来，由于人认知上的有限理性，使得契约在签订时难以预料到未来可能发生的所有状况，因而契约总是不完全的。在这种情况下，当一方投入了具有较大专用性的资产后，如果另一方在机会主义的驱使下和他讨价还价，他很难有有效

---

① 杨瑞龙、周业安：《企业的利益相关者理论及其应用》，经济科学出版社2000年版，第36页。

的办法加以制约。预料到这种情况后，他可能不会选择投入，这就带来了效率的损失。简言之，契约不完全会使得投入具有专用性资产的一方在事后面临被"敲竹杠"的风险，这将导致投资无效率或引起事后无穷无尽的讨价还价（聂辉华，2009）[1]。于是，当投入的一方具有专用性、难以依靠市场和法律治理、第三方的监管和仲裁也难以奏效时，双方就会一体化为一个科层组织（杨瑞龙、杨其静，2005）[2]。

（三）组织的产权是为了保护专用性资产的投资

虽然交易费用经济学解释了市场中的交易主体为什么会一体化为一个企业组织；但交易费用经济学没有回答关于组织的另外两个关键问题：一个问题是双方一体化之后机会主义行为是如何被有效克服的呢？另一个问题是因克服了交易费用而产生的组织剩余如何分配呢？（杨瑞龙、杨其静，2005）[3]于是，他们定义了"剩余控制权"，指那些在初始契约中无法规定的有关于对组织所有权的各种权利，并认为应该将剩余控制权归于投入了专用性资产的一方，以减小"敲竹杠"行为对其投资激励造成的扭曲。哈特（Hart，1995）甚至明确将剩余控制权等同于企业所有权。与传统的产权经济学将剩余索取权定义为企业产权相对应，Hart等的研究被称为"新产权学派"。在"新产权学派"看来，谁拥有物质资产，谁在订立初始契约形成组织时就具有谈判优势，也就会相应地控制其他要素所有者，并在分配剩余时占有优势（杨瑞龙、杨其静，2005）[4]。于是，由科斯所奠基的交易费用为基础的企业理论，发展到"新产权学派"时，又变成了物质资本占有权的逻辑。

---

[1]　聂辉华：《声誉、契约与组织》，中国人民大学出版社2009年版，第2—3页。
[2]　杨瑞龙、杨其静：《企业理论：现代观点》，中国人民大学出版社2005年版，第89页。
[3]　杨瑞龙、杨其静：《企业理论：现代观点》，中国人民大学出版社2005年版，第112页。
[4]　杨瑞龙、杨其静：《企业理论：现代观点》，中国人民大学出版社2005年版，第115页。

四、从物质资本到人力资本：对产权激励对象认识的变化

无论是团队生产理论，还是交易费用理论，都将企业剩余的来源及其权利分配置于研究的核心。并且，古典企业理论和"新产权学派"都过分强调了物质资本的专用性及其对企业剩余的贡献，而理所当然地将剩余分配偏向了物质资本所有者，忽视了专用性人力资本对企业剩余的贡献及其在剩余分配中的地位。

国内在 20 世纪 90 年代的国有企业改革大背景中，学术界也围绕着企业剩余的来源和分配问题，展开了激烈的讨论。张维迎（1996）① 延续了物质资本专用性的逻辑，并认为人力资本与其所有者之间具有天然的不可分离特性，因此其所有者可以"携带"其人力资本在市场中自由流动，而专用的物质资本往往更容易成为被"敲竹杠"的对象，因此坚持了"资本雇佣劳动"的思路；杨瑞龙、周业安（1997）②，周其仁（1996）③，以及崔之元（1996）④ 等都强调：企业是人力资本和非人力资本之间构成的契约集合，物质资本持有人和人力资本拥有者都是企业的利益相关者，所以人力资本和非人力资本应该共同分享企业的所有权。特别是杨瑞龙、周业安（2000）的研究进一步指出：人力资本与其所有者并非是完全不可分的。在一个企业中，虽然理论上讲雇员可以任意和自由退出企业，并以此要挟雇主；但事实上，正如威廉姆森（1987）所指出的，在某些情形下，雇员在某些专门技能、企业内关系、特定信息等方面的投入也具有高度的专用性。这样，专

---

① 张维迎：《所有制、治理结构及委托—代理关系——兼评崔之元和周其仁的一些观点》，《经济研究》1996 年第 9 期。

② 杨瑞龙、周业安：《一个关于企业所有权安排的规范性分析框架及其理论含义——兼评张维迎、周其仁及崔之元的一些观点》，《经济研究》1997 年第 1 期。

③ 周其仁：《市场里的企业：一个人力资本与非人力资本的特别合约》，《经济研究》1996 年第 6 期。

④ 崔之元：《美国二十九个洲公司法变革的理论背景》，《经济研究》1996 年第 4 期。

用性人力资本及非人力资本都是企业剩余的重要源泉。所以，一方面，一旦离开当前的组织，他自身也将遭受损失，而且还会面临机会主义带来的其他后果，比如自身声誉的损失等；另一方面，他也因自己拥有的专用性人力资本而获得了在组织活动中的谈判权力。既然人力资本也是使组织产生剩余的专用性资产，那么由其所有人分享企业所有权就是理所当然的了。在此基础上，杨瑞龙、周业安（2000）发展出了企业的利益相关者共同治理的理论。[1]

杨瑞龙、杨其静（2002）[2] 还进一步从"专有性"的角度阐述了企业家的人力资本在企业产权安排中的地位。他们的研究区分了资产"专有性"与"专用性"的差别，指出：专用性资产的持有人在事后遭受的"敲竹杠"风险恰恰说明，专用性不是当事人分享组织剩余的谈判力基础，而恰恰是专用性弱化了其持有者的谈判力。而专有性资源则是指这样一些资源，一旦他们从企业中退出，将导致企业团队生产力下降、组织租金减少甚至企业组织的解体。他们列举了几种典型的通用性的专有性资源，比如能够发现并把握市场获利机会的企业家；掌握某种具有商业价值的核心技术的人；在资本稀缺环境中持有货币资本的人；以及拥有"专有性"社会关系的人等。当然，这些"专有性"自由一旦投入固化在某一个组织中后，也可能会变成专用性的了。通常，企业家和风险投资资金是企业里最重要的两种"专有性"资源，二者互相合作、彼此依赖，共同分享创业带来的利润。因此，"专有性"为理解组织的产权提供了一种新的视角。

从上面研究的演进中可以看出，围绕着资产专用性及专有性产生的组织剩余（或者说组织租金），以及据此形成的对组织产权（包括剩余索取权和控制权）的配置，是企业组织研究的核心问题。按照这个思路，接下来将分别从组织剩余、资产专用性和专有性特点两个角度

---

[1]　杨瑞龙、周业安：《企业的利益相关者理论及其应用》，经济科学出版社2000年版。

[2]　杨瑞龙、杨其静：《专用性、专有性与企业制度》，《经济研究》2001年第3期。

来讨论社区网络组织的产权配置。

第二节 社会资本在社区网络组织中的产权特性

一、社会资本对农业网络组织剩余的贡献

（一）促进了社区网络组织中的专用性物质资本和人力资本投资

社区网络组织和科层化的企业一样，都是在农业契约不完全的条件下，作为一种保护参与人的专用性投资的治理机制而存在的。但两种治理形式又存在着本质的不同：科层组织是通过集中化的所有权结构，以层层下发指令的形式，形成的一套等级化、命令化的监督和激励体系；而社区网络组织是由各个主体——农业中介组织及农户所形成的一种网络化结构，各个参与者都是独立的产权主体，保障交易活动顺利进行依赖的是各方的协调、磋商，并非靠等级化的控制体系。在这种情况下，社会资本所形成的对履约的保障，对于促进当事人的投资就至关重要了。

上一章的分析已经指出，个体层面、结构层面，以及社区层面的社会资本都以不同的机制促进了农业网络组织中契约的履约，包括声誉的制约、互惠和信任的存在、信息更加透明化对机会主义形成的制约，以及不成文的规范、文化价值等，都以正式或非正式、明确或隐含、硬性或灵活的方式对履约产生了影响，且这些影响都十分有效。正是有了这些保障机制，才使得参与各方能够放心地进行专用性投入，从根本上保障了社区网络组织中的投资效率。帕特南在对社会资本进行分析时就指出：国家和区域在长期历史过程中形成的信任、规范和

网络，它们有效协调了社会行动的效率，并以此提高了"投资于物质资本和人力资本的收益"。

社会资本对促进社区网络组织中的专用性物质资本投资的作用是显而易见的。一方面，社会资本会对网络组织中的农户和中介组织进行专用性投资时形成激励。比如，中介组织（人）与农户签订某一种具有专用性的农产品购销协议时，这里的专用性意味着农户将这种农产品生产出来后除了中介组织很难转卖给他人。这时，若中介组织是素未谋面的陌生人，就很难让农户相信这种以往没有在市场上销售过的农产品的收益前景。现实中大部分农户的种植选择都有"跟风"的特点，风险厌恶型的农户不会贸然改变以往的种植结构，往不确定的领域追加投资。另一种担心来自对对方品行的不了解，担心投入生产后会遭受到对方的"要挟"，比如压价、对产品质量故意挑剔等；但双方若是具有某种长期性关系的熟人，以往形成的信任就会打消农户的顾虑。反过来，当中介组织进行专用性投资时的情形也一样，常见的例子是：中介组织为了提高产品的质量，要进行相应的专用性投资，比如对农户进行统一供应质量优良的种子，制定统一的生产流程标准，并对农户进行技术指导等。在一般的情形下，若农户在事后通过其他渠道将产品卖出，就会使中介组织的专用性投资遭受损失。在社区网络组织中，社会资本所包含的声誉、长期互惠、规范等就会对违约行为形成有效的制约，使得双方都追求长期合作收益，从而保护农户与中介组织的专用性投资收益。

另一方面，社会资本也会提高各农户与中介组织进行专用性物质资产投资的能力。比如，农户和中介组织之间，以及农户之间的关系网络会更有利于其获得贷款、新型的技术，以及各种专用性的生产资料。下面三个专栏分别讲述了不同情形下农村社会资本促进生产或建设投资的例子。

专栏4-1：社区社会资本在早期农村工业化积累中的作用

苏南吴江有一个生产队，在20世纪70年代末期自主创办社队企业时，资本投入基本为零，即使全靠劳动力，也至少还是需要得到政府严格控制的工业原材料。于是，队干部号召、全村社员协商一致，每个劳动力每年让出500工分不参与分配，由集体拿这些从全村农民社员嘴里节省出来的农产品与城市国企交换本村企业需要的原材料。就这样，连续3年，每个社员让出了1500工分，终于完成了村办企业的原始积累。在缺乏资金的情况下，农村社会中的社会资本有效地动员了社区劳动力资源，完成了社区工业化原始积累投资。

资料来源：温铁军等：《解读苏南》，苏州大学出版社2011年版，第18页。

专栏4-2：社区社会资本在农村公共建设投入中的作用

S省Y市里乡社区合作社针对村庄基础设施弱和卫生脏乱差的情况，利用合作社在社区中积累的声誉，发动村民改善社区环境，取得了明显的效果。具体做法如下：

合作社以村子的7个巷道为单位，每个巷道推举出了4位有公益心的代表，由这28位代表组成小寨村村建理事会。理事会成立后，针对现实情况，认为社区的头等大事就是让环境好起来，于是决定要依靠村民自己的力量完成全村的道路硬化和修排水渠。

为了充分发动村民们参与，理事会印了传单挨家挨户宣传，向大家说明修路是对大家都有好处的事，一定要大家共同参与才能做成功，使大家受益。最后，绝大多数村民都被动员了起来，每家分片包干，负责自家门前的路，而入村出村的路口，由村建理事和一些热心的文化活动骨干来共同完成。而修路基本的材料费用支出则由理事会发动集资。

修路过程中，一开始也有几户人家不愿意出力，大家就一起到他们家门前去帮忙，最后他们自己都感到不好意思，便参与进来了。路渠修好后，大家士气高涨，便一鼓作气又在村子前面的荒地上平整出了一个篮球场。

就这样，前后花了七十多天的时间，多年都没有解决的、令所有村民都感到头疼的问题，被这个妇女们自发组织起来的村建理事会解决了，而且总花费加起来只有3万多元。

路修好后，理事会继续着手整治村里的卫生。为了解决垃圾随处倒放的问题，她们发动老年人组建了一支义务卫生监督队，对乱倒垃圾的行为进行监督。发现后，由理事会发动舆论谴责改正，取得了很好的效果。

资料来源：案例由作者根据2011年实地调研资料整理。

社会资本对促进农业网络组织中的专用性人力资本投资的作用也是非常明显的。对此也有两种分析的视角：一种是不完全契约理论的视角。聂辉华（2009）[1] 详尽地证明了在契约不完全的条件下，声誉机制可以促进当事人作出社会最优化的专用性人力资本投资。其基本的逻辑是，在当事人的能力信息不为外界所知时，他为了获得未来的长期收益，就会进行最优化的人力资本投资，以向市场显示有利的信号。另一种是传统的社会资本领域的视角。科尔曼（1988[2]、1990[3]）在其非常著名的关于家庭社会资本对儿童教育的影响的研究中发现，家庭社会资本可以调动一系列资源，对儿童及年轻人的认知继而对社会发

---

[1] 聂辉华：《声誉、契约与组织》，中国人民大学出版社2009年版。

[2] Coleman J. S., "Social Capital in the Creation of Hurman Capital", *American Journal of Sociology*, Vol. 94, 1988, pp. 95 – 120.

[3] Coleman J. S., *Foundations of Social Theory*, Boston：Harvard University Press, 1990, p. 302.

展产生作用。他首次从促进人力资本积累的角度，来阐述社会资本作为一种真实存在的资本的运作机制，引起了研究者们广泛的关注。这两种视角，前者阐释了社会资本在主观上提高了参与人进行最优化人力资本的激励；而后者则阐释了社会资本在客观上提高了参与人进行人力资本投资的能力。

这两种视角在社区网络组织中都有明显的体现。比如，在社区网络组织中，由于社会资本保障了合作以取得长期收益的预期，有可能使得中介组织更有动力去培养专门性的人才来进行农业市场信息搜集、营销渠道扩展、新型技术的研发推广等。而对外来收益的稳定预期，也可能促进农户去掌握新型的技术、学习专门性的知识等；而且他在社区网络组织中积累的关系网络，也将会更有助于他获得这些专门的技术和知识。提供培训服务，也是国际合作社联盟订立的七条基本原则之一。

专栏4-3：S省Y市果乡综合合作社的社员培训

S省Y市果乡综合合作社举办的农民社区学校，主要是为合作社骨干和社员组织培训及为各种活动提供场所。最初，合作社以村庄巷道为单位成立了学习小组，靠小组成员中的热心分子义务提供自家的房屋作为活动场地，利用晚上的时间开展自学，提高社员的知识水平。最初讨论的话题从天下大事到身边琐事，十分宽泛。经过不断总结经验后，课程变得越来越规范，形成了几项常规的内容：家庭教育讨论、政策法规学习、生产技术交流等。为了使学习氛围活泼不枯燥，还设计了一些趣味活动，比如讲笑话和猜谜语等。

后来，随着合作社的发展，便和外部公益机构F组织合作成立了农村社区学校。学校经县教育局批准成立，注册资金15万元人民币。

学校租用附近一个村庄闲置的小学校舍，占地2000平方米，包括

教室、音乐室、办公室、库房、食堂及工作人员寝室和客房。目前有 3
名专职人员。学校主要功能是负责协会的培训和学习活动，包括合作
社工作人员每月每周定期的内部学习活动，不定期地邀请外部专家来
社区为社员提供技术培训，组织社区工作人员外出学习培训，以及整
理培训学习资料以形成可持续的培训课程。

通过培训，使社员的农业生产技能和经营理念不断得到提高和改
善，这形成了一种人力资本投资。

资料来源：案例由作者根据 2011 年及 2013 年实地调研资料整理。

因此，在社区网络组织中，社会资本由于保障了农户与中介组织
之间的长期合作，使各方有了获得长远收益的可靠预期，这就激励着
他们进行专用性物质资本投资和专用性人力资本投资；而各个主体在
社区网络组织中积累的社会资本，也提高了其进行这些专用性投资的
能力。

（二）增进了社区网络组织中的规模经济和范围经济

在社区网络组织中，不同层面的社会资本也增进了规模经济和范
围经济效应。

首先，在社区网络组织中，社会资本有助于在农户之间，以及农
户与中介组织之间建立长期的合作机制。相比较分散生产和单独生产
而言，这种协作能够极大地降低各种成本，产生规模经济效益。比
如，中介组织和众多农户构成的专事某种特定农资或产品购销的网络
组织，为了扩大产品销路，需要为建构销售网络和销售渠道进行大量
的前期投入。显然，参与的农户越多，产品销量越大，就越有规模
效应。

专栏4-4：梨树县太平镇李家街村太平百信农民合作社的
　　　　　规模经济效应

　　梨树县太平镇李家街村太平百信农民合作社成立于2001年。当时只有8户农民参加，入股合作社股金3200元，合作社又把这些股金全部入股农村信用社。在传统的分散、单户经营的模式下，农民生产基本没有什么剩余，农民进行简单再生产所需的资金链条依靠商业赊销来维持，这种商业赊销折算成借款年利率都在50%左右，有的甚至高达100%，最低也不会低于40%。这8户农民存栏育猪516头，合作社向当地太平农村信用社申请贷款购买浓缩饲料，农村信用社的支持使农民生产有了现金购买力，摆脱了商业赊销，为农民带来了实惠。

　　社员通过合作社直接向厂家集体采购饲料，价格是100元，而农民在市场赊销饲料的价格是130元。贷款还款平均期限是4个月，去除利息、饲料运输费用和合作社服务费用后，农民每袋饲料节省成本22元，折算年利率为66%。也就是说，如果农村信用社在饲料环节上支持农民联合购买，每投入100元，农民可直接受益66元。合作社将节省的资金按交易量返还给社员，社员再用返还收入向农村信用社入股。这样，社员股金量随着生产和消费的不断增加而增长，农民养猪就建立起了资本积累机制。这种积累方式被社员称为消费积累。

　　这种方式一方面依托农民合作社把农民组织起来扩大交易规模，另一方面依靠农村信用社的信贷资金支持，使组织起来的农民有了现金购买力，从而实现资本积累。通过示范，其他的农户纷纷归还农村信用社陈欠贷款，申请加入百信合作社。2003年3月末，合作社入股太平农村信用社的股金量由最初的3200元变成64万元，仅合作社股金就是农村信用社原股金30.5万元的两倍多。2005年，合作社又建立起了自己的饲料工厂，并引入了吉林安华农业保险公司，创造出三位一体的发展组织模式："农业保险＋农民合作组织＋农村信用社"，实现了工农互助，即用农民的饲料市场支持农民合作工厂发展，用合作制工厂带动和组织农民合作社。

资料来源：温铁军主编：《中国新农村建设报告》，福建人民出版社 2010年版，第 264 页。

专栏 4－5：山西永济蒲韩社区综合合作社的农资购销合作

山西永济蒲韩社区综合合作社开展的农资购销合作，包括 4 个连锁店和 1 个加盟店。在 2001 年时曾因当地芦笋收购价格下滑，合作社赊销给农户的化肥款回收困难，而使合作社的运营一度陷入困境，后来通过向信用社贷款才维持下来。在 2002 年，农资店便开始尝试一种新的经营方式：向 20 户关系好的农户每户借款 2000 元，年底按照盈利情况对这些农户进行了分红。后来，发现这种方式既能减轻农资店的现金压力，也可以将农户的闲钱集中起来，给农户以分红。到 2003 年，便公开以入股的方式向农资店过去的顾客推广。

在此基础上，合作社形成了购销合作的初步探索。到 2004 年，进一步从制度上规范了这个统购统销的合作板块。农户按照所经营土地面积入股，合作社既可以直接从厂家进货省去中间环节费用，还可以用股金预付货款获得厂家额外返利。所产生的利润按比例提取社区公益金后，剩余利润用作股金分红和对交易量实行返还。

由于当地大面积种植果树，化肥农药需用量很大，这种联合购销的合作马上便显示出极大的优势。很快便发展出一个稳定的社员群体，当前入股社员约 900 户左右。

后来，随着合作社其他业务的拓展，农资店又产生出一块新的利润来源。即对农户的分红不采用现金支付的方式，而是"实物返还"。这主要通过协会的另外一个业务部门来操作：协会的工作人员会定期入户调查，同时会对会员的日常需用消费品进行统计，然后统一采购，分送到农户手中，以实物折抵分红，计价时相对市场上的销售价格有一定优惠。对农户而言，一方面，可以低价获得生活所需品，另一方面，统一采购有稳定可靠货源，避免受假冒伪劣商品之害；而对合作社而言，不用现金支付减轻了财务压力，同时统购生活用品也是新的利润来源。

农资购销合作网络带来的规模经济效益成为合作社最稳定的收益来源之一。

资料来源：案例由作者根据实地调研资料整理。

其次，在社区网络组织中，社会资本有助于在农户之间，以及农户与中介组织之间形成多元化的综合性合作，从而产生范围经济效益。所谓范围经济，指由厂商同时生产两种不同产品的费用要低于分别生产每种产品所需要的成本之和。最典型的例子是，一个商家用同一销售渠道销售不同系列的产品，相对于仅仅销售一种产品而言就会产生范围经济。在社区网络组织中，范围经济的效用更加明显。比如，一个综合性的农业合作社，在生产生活资料联合购买、农产品统一销售、资金信贷等领域开展多元化的合作经营。合作社采集一套关于社员生产生活信息的资料，既可以作为信贷业务的征信依据，也可以作为其采购生产生活资料进行联合购销的依据。同时，各部门统一资金结算，合作社与农户开展联合购销业务中的资金往来，也可以为信贷业务提供有效的还款保障。当然，这种复杂的综合性的合作有赖于社会资本的声誉、信任、规范和价值等因素的维系。正是从这个角度上来说，社会资本增进了农业网络组织中的范围经济效应。

专栏4-6：社区综合合作社多种业务产生的范围经济

S省Y市果乡综合合作社利用合作社的统一信息和渠道，开展多领域的综合经营，产生了明显的范围经济效果。下面以其中部分业务为例来说明。

合作社下属的城乡互动中心成立于2010年，同时对接城市社区居民和农村的合作社社员两个消费群体。合作社将针对农村社员群体的消费业务称为"二次返利"，具体发展过程和运作模式如下。

合作社工作人员在做入户信息采集的过程中，发现农户对日常生产生活用品以及本地出产的农产品都有很大需求。而合作社统购农产品，经常又有货车往返于城乡之间，顺便可以带回很多农户所需的生产生活用品，量大了以后可以到市场上统一批发，价格也便宜很多。这样，无论是本地农产品还是外地小商品，都可以便利地向社员提供。于是，入户信息采集时就对社员家庭的这些需求进行了全面的登记。根据信息，以收购的农产品和从城市购进的日用品来折抵应给社员的分红。价格比一般的市场价格要略低，而且质量有保障，因此很受社员的欢迎。

合作社将这种方式称为"二次返利"，即农产品统购和消费品统销中为社员提供的两次价格优惠。在这个过程中，合作社不仅节约了大量的现金成本，而且统销中也会新增盈利空间。

城市社区的消费业务也是"偶然"拓展出来的。

合作社并没有有计划地向城市社区消费者群体拓展销售业务。起初，为了感谢一些无偿为社区提供技术培训的老师，协会会将收购的一些生态农产品拉到城市送到这些老师的家中。很快，生态产品的口碑就在这些老师的熟人圈子中小范围传播，渐渐就有一些人主动提出购买的要求。合作社再往城市送产品时也顺便接一些这样的订单，渐渐的订单越来越多，使合作社发现这是一个新的有前景的业务领域。而事实上，由于合作社骨干常年参与外界公益机构组织的培训学习和交流活动，对这种直接往城市社区中的消费群体拓展业务的模式并不陌生，他们知道早在2005年北京就出现了城市消费者组成的消费合作社直接与农村生产合作社对接的模式。

到这个时候，合作社便适时地新增了一个业务部门——城乡互动中心。很快就形成了面向县市居民小区的 8000 多户城市消费者的消费网络。到 2011 年时，这块"顺便嫁接"的业务已经成为合作社重要的增长点，所产生的利润占到整个协会利润的 60% 左右。

资料来源：案例由作者根据实地调研资料整理。

二、社区网络组织中的社会资本对内共有和对外排他的特点

社会资本对社区网络组织剩余的重要贡献，以及它在社区网络组织中所具有的高度专有性与专用性特点，注定了其必将对社区网络组织的产权安排产生影响。然而，与物质资本和人力资本相比，社会资本又有其独特的产权特性。这种特性体现在社会资本具有排他性和共有性相统一的特点，以及损耗与使用反向相关的特点。

社会资本在关系网络内部的共有性是不言自明的。即便是个体层面的社会资本，也并非其持有人所能独自占有的。比如参与人所拥有的关系网络、个人声望等，也必须是依赖于关系网络中的其他人而存在的。就拿两个人的关系结构来说，关系是双方的，互惠和信任是以彼此为基础的。当这些关系和信任促进了双方的交易效率时，必然是以双方共同的努力为前提的。至于结构层面和社会层面的社会资本，其在参与人中的共有性更加明显。比如普遍的信任、规范和价值，以及维护信任、遵守这些规范价值的文化和社会氛围等，结构中的每个参与人都可以"占有"、使用这些社会资本，并从中获益。这些都决定了社会资本在社区网络组织中的共有性，而且这些共有性的社会资本的使用，在网络组织内部并不具有竞争性。因此，它是一种公共物品。

同时，社会资本在社区网络组织中还有其排他性的一面。一个个

体所具有的社会资本并不能为其他人所使用，正如结构洞和弱关系理论所描述的情形，社会资本还来源于个体占据了能够连接两个不同关系网络的位置。当农户或中介组织因身处这种"桥梁"作用而形成其个人（组织）的社会资本时，这种社会资本无疑就具有强烈的排他性。而一个群体所具有的社会资本对外同样具有排他性，因为只有属于这个群体的成员，身处在这个群体的网络结构之中时，才能使用群体所共有的信任、规范、文化价值等社会资本。

当然，在社区网络组织中，社会资本的这种排他性又不是绝对意义上的独立存在的排他性，它是以共有性为前提的。仍以上面所列举的例子来说明：中介组织（人）所拥有的农户关系网络与市场关系网络成为其排他性的社会资本，但中介组织（人）首先必须要与农户或销售市场上的其他主体建立并维系共有性的社会资本，他的这种因占有关键位置而产生的排他性的社会资本才可能成立。这说明，在社区网络组织中，参与人占有社会资本的共有性和排他性是统一的，大多数时候，其共有性是排他性的前提。其实道理很简单，既然你是靠维持与别人的关系而从中获益的，你又怎么会要挟、排斥别人去损害这种关系呢？假如中介组织（人）以自己掌握了市场中的销售关系网络对农户狠狠杀价时，也不可能与农户维持长久联系，他就会退回到市场中的普通商贩的角色，也不可能让农户投入某些专用性农产品的生产了；同时，他也会因失去了与农户的关系网络而失去了在市场中的谈判力。

简而言之，无论是中介组织和农户个体拥有的社会资本，还是社区网络组织整体拥有的社会资本，都具有对内共有、对外排他的特点。这种排他性与共有性相统一的特点，也就决定了在社区网络组织中，持有者以社会资本这种专用性和专有性的"资本"为基础分享剩余时，必须要同时考虑这两个方面的因素。

在社区网络组织中，社会资本除了具有这种共有性与排他性相统一的特点外，还有损耗与其使用反相关的特点。也就是说，农户和中介组织使用社会资本的频率越高，社区网络组织中的社会资本存量就会越高，而不是被损耗掉；反之，参与人越不经常使用社会资本，社区网络组织中的社会资本就越会损耗甚至消退。这个很容易理解，比如说农户与中介组织建立起了初步的信任关系后，双方越是以这种信任为基础来促进交易，交互活动越是频繁，彼此的信任关系越是会被强化；反之，虽然有一定的信任基础，若双方长久不联系，交往淡化，偶尔再次合作时，彼此间自然都会保留一份谨慎的态度。也就是说，社会资本的使用，并不具有竞争性的特点。

社会资本的这两个特点，对农业网络组织的产权安排产生了重要影响。

第三节　社区网络组织的产权安排

按照前文主流产权理论的逻辑，产权设计的核心是保障诸生产要素获得合理的回报，从而形成有效的激励和监督、提高经济效率。在社区网络组织中，社会资本作为一种特殊的资本对经济剩余具有重要的贡献。因此，社区网络组织的产权安排的重要功能就是保障社会资本的再生与积累；同时，也要充分保障物质资本、人力资本持有者的投入积极性。这是社区网络组织与传统"市场—科层"组织最本质的区别，也是我们理解社区网络组织产权安排的核心思路。

一、社区网络组织产权的分散对称要求

（一）社区网络组织产权安排的重要功能是保障社会资本

在社区网络组织中，社会资本由于其高度的专有性特点，使其在

剩余的分配和控制中，相对于物质资本和人力资本而言，具有了更加优先的地位。

无论是个体所有还是参与人共有的社会资本，都是网络组织不可或缺的特质性资源，具有高度的专有性特点。甚至缺少了它，社区网络组织将无法继续存在。正如上文已经分析的，首先，正是由于各个层面的社会资本保障了社区网络组织中的履约，才使得交易可以进行，网络组织才得以运转。进而，在履约得到保障的基础上，农户或农业中介组织的专用性物质资本或人力资本投入才能得到有效的保护，他（们）才有了充分的动力进行这些专用性投入；而且，农户或农业中介组织所拥有的社会资本也会增加他们进行物质资本或人力资本投入的能力（比如融资能力、获得技术的渠道等）。此外，在社区网络组织中，社会资本所带来的信任、共识大大提高了人们之间的协调和合作，从而提升了物质资本和人力资本的边际产出。

正是从这些意义上来说，在社区网络组织中，社会资本具有比物质资本和人力资本更高的谈判力，以及更优先获得补偿的地位。

（二）社会资本共有特性与社区网络组织产权的分散对称

剩余索取权和控制权的对称性和在参与人中的分布状况，是考察不同形式的产权安排的一个重要方面。组织所有权的对称性安排是指剩余索取权与控制权的合一，这是现代产权的内在要求（米格罗姆、罗伯特（Milgrom、Roberts），1992）[1]。当然，最优的组织所有权安排不仅与其对称性有关，还与其所有权的分布状况有关。所有权的分布是指这种对称的产权安排在参与人中的分配情况（杨瑞龙、周业安，2000）[2]。例如，主流企业遵循资本雇佣劳动的逻辑，强调剩余索取权

---

① Milgrom Paul, John Roberts, *Economics*, *Organization and Management*, New Jersey: Prentic - Hall International, Inc., 1992, pp. 191 - 193.

② 杨瑞龙、周业安：《企业的利益相关者理论及其应用》，经济科学出版社 2000 年版，第 87 页。

和控制权都集中对称于雇主的合理性（Alchian，Woodward，1988）[1]；而在另一些企业类型中，比如劳动管理型企业中强调工人占有企业所有权（Vanek，1970）[2]，再如日本的人本主义企业强调从业员主权，这属于企业所有权集中对称的另一种情形，强调组织所有权集中对称于雇员。

杨瑞龙、周业安（2000）[3] 指出：组织所有权集中对称于某一方只是存在于企业治理初始的合约阶段。随着企业的发展，雇员人力资本效能会显现出来，雇主与雇员之间的谈判力量可能会因之而发生变化，进而迫使雇主承认和尊重雇员的产权权益，企业产权便由集中对称走向分散对称。现实中，剩余索取权与控制权分散地对称分布于不同产权主体才是更为常见的情形。

在社区网络组织中，社会资本是各参与主体在共同的关系网络中彼此交互联系形成的一种共有性的资本。因此，从逻辑上讲，这种共有性也就决定了由社会资本产生的组织剩余理应为参与主体所共有。又由于在社区网络组织中，社会资本的贡献要比物质资本和人力资本具有更加基础的作用，因此，绝大部分剩余索取权和控制权自然也应该由参与其中的农户、中介组织及社区共同分享。也就是说，在社区网络组织中，农户、中介组织，作为独立的产权主体，除了应独立享有其自身的物质资本和人力资本投资带来的正常回报外，还应共享因共同的社会资本所产生的额外网络组织收益；除了按照其投入的物质资本和人力资本在网络中享有相应的控制权外，还因共同的社会资本投入而分享着大部分的控制权。很显然，在社区网络组织中，剩余索

① Alchian Armen, Susan Woodward, "The Firms is Dead Long Live the Firm: A Review of Oliver E. Williamson's The Economic Institutions of Capitalism", *Journal of Economic Literature*, 1998, Vol. XXIV (March), pp. 65 – 79.

② Vanek Jaroslav, *The General Theory of Labour Managed Market Economics*, Ithaca, New York: Cornall University Press, 1970.

③ 杨瑞龙、周业安：《企业的利益相关者理论及其应用》，经济科学出版社2000年版，第89页。

取权和控制权在农户和中介组织之间、农户之间，以及中介组织内部，都是高度分散对称的。同时，为了维护社会资本的存续，社区作为产生社会资本的场所或载体，也应获得收益补偿，或者说享有剩余所有权。这种高度分散对称性也成为网络组织产权安排的一个重要根据。

二、单一股份制和单一领域合作制面临的困境

根据上面分析的社会资本与物质资本和人力资本的相对关系，我们可以进一步地分析社区网络组织中的最优产权结构。既然社会资本在社区网络组织的产权安排中占有主导性地位，并且又因为社会资本的共有性特点而使得社区网络组织中的产权安排具有高度分散对称的特点，那么，随之而来的一个问题就是，这种具有公共品属性的社会资本，其产权收益具体如何设计，才能使其避免公共品常遇到的因产权无法清晰界定而产生的"公地悲剧""集体行动的困境"等一系列问题呢？

（一）单一股份制在农业领域面临的问题

对于具有高度公共性的集体资产的产权界定，最主要的一个思路就是股份制改革。这种思路在 20 世纪 90 年代的国企改革和乡镇企业改革中曾被广泛应用。股份制下的现代企业治理模式是主流企业理论所认为的高效治理模式，在国企和乡镇企业的改革中也发挥了重要的作用。然而，在传统农业领域形成的网络组织中，由于社会资本的主体——社区并不是人格化的个体或法人实体，因此在现实中很容易出现的情况就是其产权被虚置。所以，虽然传统意义上的股份制安排能够体现出物质资本（出资人）和人力资本（如技术入股、经营管理才能入股）的谈判权力和产权收益，但单一股份制安排必然会排斥社会资本在农业网络组织中的谈判地位，也难以适应农业网络组织中产权

高度分散对称的要求。即便我们假定，在初始合约状态下，产权在农户与中介组织之间、农户之间，以及中介组织内部都是高度分散对称分布的。比如说，农户和中介组织之间依据彼此的资本投入情况约定好一个收益分配比例，或者是农户直接入股中介组织分享其股金收益，抑或是中介组织成为由农户入股形成的合作社；同时，中介组织内部也具有最优化的出资人与雇员之间的现代产权和治理结构。随着交易的进行，因收益状况而发生的股份变动几乎是必然会发生的，当最终变为由少数人占有大量股份的时候，社区网络组织中的剩余索取权和控制权就会按股份向这些人集中。20世纪90年代的乡村集体企业的股份制改革中，很多都变成了管理层收购大部分股权，企业所有权向少数管理者集中。这在适合科层化生产的工业领域可能会带来效率的提高，但在只适合网络组织治理的传统农业领域，这种产权向少数参与人的集中，不仅破坏了社区网络组织产权高度分散对称分布的要求，也会破坏网络组织中的关系结构，最终削弱社会资本，回到传统的"市场—科层"的治理框架内。

因此，单一的股份制固然有利于将社会资本的产权清晰化，但也不可避免地会带来产权的过分集中，而破坏农业网络组织的稳定产权结构。

（二）单一领域合作制在实践中的困境

在农业领域的实践中，合作制是为人们所熟知的能够有效防止产权过分集中的产权安排。在合作制的产权安排下，若按照理想的设计，社员的股金收益和参与合作的社会资本产权收益都可以得到照顾。

专栏4-7：国际合作社联盟的七条基本原则

国际合作社联盟公布的合作社七条基本原则：

1. 自愿与开放的社员资格；2. 民主控制，基层合作社中社员拥有一人一票的平等投票权；3. 股金只能按照有限的比例得到回报，合作社的大部分收益主要用于发展合作社（如公积金留存）、按照交易量返还社员等；4. 自治和独立，对外部筹措资本不应损害社员的民主权利和合作社的自治原则；5. 教育、培训和信息；6. 合作社之间合作；7. 关心社区发展（转引自张晓山、苑鹏，2010）。

在这 7 条基本原则中，和剩余索取权及控制权直接相关的是第 2 条、第 3 条。其中，第 2 条"民主控制，基层合作社中社员拥有一人一票的平等投票权"，这直接限制了农业网络组织中控制权向少数人集中的可能；第 3 条"股金只能按照有限的比例得到回报，合作社的大部分收益主要用于发展合作社（如公积金留存）、按照交易量返还社员等"，股金的有限分红规定不仅限制了剩余索取权向物质资本的集中，而且按交易量返还社员的规定也有利于体现农户社会资本的产权收益，因为按照前文的分析，社会资本具有越使用越多的特点，与参与人在网络中的参与程度和频率正相关，所以交易量一定程度上就体现了社员对网络组织中社会资本的贡献程度，按交易量返还也就体现了社员的社会资本产权收益；此外，合作社提倡的教育、培训和信息，以及对社区发展的支持，都有利于农业网络组织各个层面社会资本的提升，可视为对社会资本的公共投资；而同时，对股金的有限比例分红也是对物质资本投入的辅助体现，因为社员物质资本和人力资本的主要产权收益已经从交易收益中得到主要体现。

可以说，国际合作社联盟七条原则的理想设计可以照顾到社员的股金收益和参与合作的社会资本产权收益，并且教育培训和对社区发展的关注有利于形成对社会资本的持续投入。

资料来源：作者根据相关文献整理。

可以说，国际合作社联盟订立的七条基本原则为保障农业网络组织中社会资本的再形成和积累具有重要作用。但在实践中，大多数合作社易于复制"一人一票"的决策安排和按交易量返还的剩余索取权安排，而其他对教育培训和社区发展的关注等往往被忽略，导致合作社运行中并没有很好地发挥社会资本的作用。因为，仅仅是简单的"一人一票"和按交易量返还并不能体现社会资本的全部产权收益要求，以及网络组织中社会资本产权高度分散对称的要求。从实践中看，正是由于没有形成高度分散对称分布和体现社会资本主导性谈判地位的最优产权配置，进而无法形成社会资本的履约机制，导致了理想中设计的产权分散对称于社员的合作社难以实现，而在现实中往往演变成产权集中于少数大户、精英，或者是外部投资人的治理模式。

当然，单一领域的合作在实践中往往演化成精英控制，也有其现实原因：一方面，尽管合作社可以产生规模收益，以及因谈判地位提升而带来分配份额增加，但若仅仅从经济逻辑来考虑，往往又会产生微观领域的"集体行动"和组织成本问题。毕竟，在传统的生产领域和贸易模式下，增加的收益是极为有限的。以至于大多数时候还不够支付合作社运转新增加的组织成本。另一方面，随着劳动力在城乡间的迁移流动，农村优质劳动力的价格不再由农业部门的投入—产出决定，而是以工业部门的工资为参照来确定。原来在小农家庭内不计算的劳动力成本，在规范的合作社内部管理成本的核算中也需要体现出来，其价格自然也要以工业工资收入为参照。这样，小农家庭内的成本优势在加入规范的专业合作社时也不复存在了。

收益的低下，以及成本的显化，使得合作社往往支撑不了资本主义企业那样的现代治理结构。因此，合作社治理往往会产生分散决策的协调问题，以及执行的效率问题。这些问题在关于合作社的微观层面的分析中屡被提及。特别是博弈论的分析工具被引入后，合作中的集体行动困境被认识得越来越深入。实践中的情形，就如奥尔森（1965）所指出的：要么成本过高不足以支付所能带来的收益而使得集体行动难以达成；要么由少数人来组织集体行动并由他们占有主要的收益。在收益低风险大的农业领域，组织者收益—成本不对称的问题更为突出，因此，现实中形成的合作往往会出现由精英主导合作并获得大部分收益的情形。联合国社会发展研究所（UNRISD）在 20 世纪 70 年代的研究报告中就指出："在发展中地区，农村合作社几乎没有给该地区比较穷苦的农民和居民带来任何利益"，"在这些地区主要是比较富裕的农村居民利用了合作社的服务及设施"①。在中国当前的农户合作实践中，往往是具有较强经营能力的大户来领办和操控合作，进而将合作社变为他们寻求新的市场机遇和盈利机会的工具，而更为广大的弱势小农实际已被排斥在外了。② 前文也分析了这种"精英俘获"的现象。而且，随着农村优质要素的流失和劳动力的低值化，即便是这种"打了折扣"的合作，也是在具有一定的资源条件的地方才能实现。

三、社区性的产权制度

那么，理论上有没有可能形成一种结合了股份制的高效和合作制在维护社会资本作用机制方面的优势的产权安排呢？我们仍然需要回到社区网络组织内部，仔细分析社区网络组织中的各个产权主体及其持有的不同类型的专用性资本，对比其对网络组织剩余的贡献、排他性和谈判权力，进而说明其最优的产权结构。

（一）社区网络组织中的产权主体

前文已经分析了社区网络组织中产权安排需要考虑的三种专用性投资——专用性社会资本、专用性物质资本及专用性人力资本，以及其之间的相互联系。

---

① 张晓山、苑鹏：《合作经济理论与中国农民合作社的实践》，首都经济贸易大学出版社 2009 年版。
② 仝志辉、温铁军：《资本和部门下乡与小农户经济的组织化道路——兼对专业合作社道路提出质疑》，《开放时代》2009 年第 4 期。

首先，社会资本分别从个体、结构和社区三个层面对履约产生了影响，而不同层次社会资本的排他性特点是不同的，个体层面的社会资本具有相对的排他性，而结构和社区层面的社会资本是共有性的。据此，我们可以在社区网络组织中划分出两类社会资本产权：一类是个体拥有的排他性的社会资本产权，这类社会资本体现在中介组织和农户个体身上；一类是共有的非排他性的社会资本产权，这类社会资本体现在社区整体层面。这决定了不同层次社会资本参与剩余分配和决策的形式。

其次，社会资本对社区网络组织剩余贡献的途径在于促进了网络组织中的物质资本与人力资本投资，并提高了后两者的要素产出率，这决定了社会资本在剩余分配和决策中具有优先受保障的地位，但又是以其与人力资本和物质资本的结合来实现的。

这也就是说，在社区网络组织的产权安排中，除了通常考虑到的农户和中介组织的专用性的人力资本与非人力资本投入的产权权益外，还要考虑到不同层面社会资本与参与人的专用性物质资本和人力资本投资结合形成的产权要求。在社区网络组织中，根据其持有的专用性资产类型的不同，可以划分出四种不同类型的产权主体：农户、中介组织出资人、中介组织经营者、社区。

1. 农户

农户在投入专用性物质资本的同时，还在网络组织中进行了专用性社会资本的投入，并以这种社会资本提高了其进行物质资本投入的能力和边际收益。因此，农户获得的是其个体专用性社会资本与其专用性物质资本投入结合所产生的产权收益。比如其个人在社会关系、个人信用方面的投入和维系，既可以为其带来获取各种物质资本投入的便利，如信贷、新型产品技术等；也可以保障彼此的履约而使得参与双方获得更加稳定的收益，也为网络组织贡献了剩余。但同时，农户的这些关系网络、个人信用等社会资本是固化在当前的社区网络组织结构中的，并不能随其轻易挪动到他处继续使用。因此，农户的专用性社会资本投入和专用性物质资本投入都成为其参与社区网络组织所有权分配的依据。在社区网络组织中，农户与中介组织主要通过产品契约连接，双方的专用性社会资本和专用性物质资本投入的产权权益都可以在产品交易中予以反映。在不同形式的社区网络组织中，具体的分配方式也有所差异。在三种形式的社区网络组织中：第一种情况是农户社员与合作社构成的网络组织结构，因为农户同时又是中介组织的股东，因此往往采取按交易量返还，或者是"一次返利（价格优惠）＋二次返利（交易量返还）"的方式将交易中的剩余索取权全部配置给社员，同时通过"一人一票"的制度安排将控制权配置给社员；第二种情况是农户和社区内的社会企业构成的网络组织结构，双方往往通过价格协议或者其他利润分成的方式体现双方的剩余索取权，同时通过协议的方式确定有关生产、经营、市场及分配中的重大事项，以体现双方对剩余的共同控制权；第三种情况是介于前两种之间的情形，即农户与社区性企业构成网络组织，农户部分参股形成股份合作的形式，其对剩余索取权与控制权的分配往往会采取上面两种形式中的一种。

除此之外，农户与社区的联系是在非生产领域发生的，通过各种正式或非正式的契约形成紧密的关系。二者的产权关系，则体现在社区占有网络组织的部分收益，以及这部分收益在社区内部的社会化、公益性分配或使用。

2. 中介组织出资人

在社区网络组织中，为中介组织出资的包括股东和债权人两类。在不同类型的社区网络组织中，债权人获得的都是正常的资金利息收益，而股东的产权分配则有所区别：在农户和社区内的社会企业所形成的网络组织中，股东（包括投资人和社区成员投资者）按其股份获得企业的剩余索取权和控制权；在社员农户和合作社形成的网络组织中，如前所述，按照合作社的通行原则，农户作为股东获得的是股金分红，同时以分红和按交易量返还的方式分享网络组织剩余，并通过"一人一票"的方式获得其控制权。这样设置的原因在上文已经分析，它相比单纯的股份制分配方式将有利于维持社区网络组织产权的分散对称，维护网络组织中的社会资本运作机制。

3. 中介组织经营者

他们在农业网络组织中投入专用性的人力资本投资的同时，往往还有专用性社会资本的投入。因此他们获得的是其个体专用性社会资本与其专用性人力资本投入结合所产生的产权收益。比如中介组织的管理者（现实中常见的如合作社企业家），他除了要具备经营管理的一般知识外，还需要掌握当地的农业生产特点、产品特点，甚至当地的风土人情等特殊知识；除此之外，他还需要与中介组织内部的员工，以及与当地生产者形成广泛的联系，建立自身的人际关系网络，树立自己的声誉。与现代企业的企业家类似，合作社的发展也有赖于合作社企业家的人力资本投入。又如，中介组织中的特殊技术人员，他在为农户提供统一的技术服务时，除了要具备特殊的技术知识外，也需要掌握当地的特殊知识，并努力在他服务的对象间形成良好的人际关系网络和声望。再如，中介组织中与农户联系的业务员，或者从事外部市场营销的业务人员，他们除了要进行一般的业务知识学习和能力训练外，建立一个与自己业务相关的关系网络更显得重要。因此，中介组织管理者的这些专用性的社会资本和专用性人力资本投入，自然都成为其参与产权分配的依据。在现代企业的治理中，这些类型的专用性人力资本投入往往通过绩效工资、员工持股分红，以及参与决策等方式体现其产权权益。在社区网络组织中，这主要是涉及中介组织的内部治理，因此，对于不同类型的农业网络组织都是同样的逻辑。当然，在中国很多合作社都是刚刚起步，规模还比较小，收益也比较少，完全按照这种理想完整的设计也不现实。但在日本、韩国的农村合作系统（综合农协）中，合作社的经营者同样可以获得合理的报酬。

4. 社区

根据前面的分析，社区层面的社会资本是社区网络组织履约的最重要保障，而且具有极强的专有性和专用性。通常，这部分共有的社会资本的剩余索取权是通过提取公益金或留存社区公益开支的方式实现的。在农户与合作社形成的网络组织中，通过一人一票决定其用途；在农户与社区性企业构成的网络组织中，通过正式或非正式的协议决定其用途。具体用于社区文化活动、养老、公共建设、教育等投入。这部分投入同样满足了农户家庭的最终消费需求。文化活动也提高了农户闲暇时间的效用，从而增加了农户参与农业网络组织获得的总体效用，使得农户与中介组织之间的联系更加牢固和紧密，也体现出了对社会资本的持续投资。

（二）社区网络组织产权的理想设计

综上所述，四种不同类型的产权主体在三种不同类型的社区网络组织中所持有的专用性投入组合如表4-1所示。

表4-1　不同类型农业网络组织的产权结构比较

	社区＋合作社		混合型		社区＋社会企业	
	剩余索取权	控制权	剩余索取权	控制权	剩余索取	控制或制约
农户	股金分红＋交易量返还	一人一票	股金分红＋交易量返利	一人一票（按股附加投票权）	利润分成协议/价格优惠/交易量返还	双边合作协议
中介组织出资人			按股分红	按股投票	股权收益/债权收益	按股投票
中介组织经营者	薪酬激励/员工持股	参与决策	薪酬激励/员工持股	参与决策	薪酬激励/员工持股	参与决策
社区	公益金	一人一票	社区发展基金	一人一票	社区发展投入	——

1. "社区＋合作社"构成的社区网络组织

在这种社区网络组织中，社员既是中介组织（合作社）的股东，又是其服务对象；社员与合作社之间既有经济上的合作，也在社区综合发展领域发生紧密联系。农户投入的是专用性的物质资本和社会资本，其剩余索取权通过股金分红（有限的）和按交易量返还利润（主要的）来体现，控制权通过"一人一票"的方式来体现；合作社经营者（合作社企业家和特殊岗位雇佣）主要投入的是专用性人力资本和社会资本，其剩余索取权通过薪酬激励和员工持股等方式来加以体现，其控制权通过经理人员参与理事会的方式加以体现；社区的社会资本是合作社运转的保障，其剩余索取权通过留存社区公益金的方式来体现，并通过社员"一人一票"的方式来确定公益金的使用。

2. "社区＋社会企业"构成的社区网络组织

在这种社区网络组织中，社区和其他成员入股参与形成股份制企业，在生产经营之外，通过社区为合作农户提供公益服务，从而嵌入农户所在的社区中。这时，农户投入的是专用性物质资本及社会资本，而中介组织出资人投入的是专用性物质资本，中介组织经营者投入的是专用性人力资本和社会资本，而社区的社会资本也在其中构成了专有性和专用性的"投入"。农户与中介组织之间的利润分配和行为约束通过相互关联的多种契约来确定；中介组织内部按现代企业治理结构进行治理。与一般企业的不同之处在于，中介组织将一定比例的剩余通过专门的社区公益部门对社区综合发展进行投入，一定程度上具有社会企业或社区企业的性质。

3. 混合型的社区网络组织

介于上面两种类型，由"社员＋社区合作社＋嵌入社区的企业"共同构成的农业网络组织。社员和社区合作社按合作制的安排配置产权，而合作社整体和中介组织按股份制的安排配置产权，社区通过社区基金分享剩余，并通过"一人一票"的决策方式决定其使用。这样，混合型的农业网络组织既拥有社区合作制的紧密结构，又拥有股份制在获得外部投入融资的优势。比如，社区性企业对合作社入股、控股，就形成了类似的产权结构。

（三）社区性产权的实践

1. 早期乡村工业化中形成的社区股份合作制

2013 年，"中央一号文件"强调"因地制宜探索集体经济多种有效实现形式，不断壮大集体经济实力"，"鼓励具备条件的地方推进农村集体产权股份合作制改革。探索集体经济组织成员资格界定的具体办法"。指出了新时期通过集体产权股份合作制改革发展壮大集体经济的思路。

社区股份合作制在早期的乡村工业化的过程中产生。早在 20 世纪 80 年代，为了满足工业发展成规模用地的需要，部分地区选择不再由农民分散经营土地，而是社区将土地资源整合到一起，统一建厂、统一出租、统一管理、统一分配。村民按投入的土地获得股权，据此分享土地"农转非"的增值收益；社区在这个过程中也获得了较大收益，并以此作为社区公共建设开支和福利开支的财产基础。这种以土地股份为基础形成的社区内部分配制度，在后来的发展中不断完善，形成了体现"成员权"的、社区内部收益分配相对平等的社区股份合作制。而这种内部化的制度安排，也在农村工业化的过程中，有效降低了对接外部市场，以及处理制度变迁过程中的交易费用。

专栏 4-8：南海的社区股份合作制

南海的社区股份合作制是一种把社区内包括土地在内的集体净资

产折股量化给社区内全体成员、农民实行按股分红与按劳分配相结合的财产制度。这种内部化的财产制度在明晰产权、建立对集体资产经营管理的有效激励、监督和积累机制，克服集体经济自身存在的某些制度性缺陷等方面，都产生了积极作用。

这种产权是通过内部交换形成的，即行政村和自然村这两级集体以自己控制的企业资产与农民交换土地承包使用权。但是，这种交换并没有通过公开的市场交易，在大部分村内农民拥有的股权还是"虚股"。无论是分得还是低价买得（实质上也类似于分得），一方面它是对社区成员或企业成员以往劳动价值的承认，另一方面又带有强烈的福利性质。因而这种分得的股份，又会因其具有福利性质而受到种种限制，诸如不能转让、继承、抵押和"人去股消"等。

有鉴于此，我们在1993—1996年几次对南海试验区进行调研之后提出，"虚股"折实，深化试验。其中，里水镇草场管理区"农民股权生不增，死不减"的做法有一定的意义。

对比20世纪90年代的其他农村改革试验区的制度创新，草场案例意义重大。一方面，可以说是对目前维持小农村社制作为经济基础的基本制度条件下的最为彻底的、体现了初始财产占有平等原则的、相对公平的产权改革，对于大量当代出现的外出务工经商的农民不愿放弃土地的问题，也许提供了一条可行的解决之路；另一方面，尤其需要注意的是，其对于乡土中国那些工业化的村社体现恰亚诺夫"生存小农"假说内涵的内部化处理负外部性的机制所起到的客观的解构作用——20世纪90年代中期以后，中国农村生产力诸要素的配置由此而日渐取决于社区之外的外部市场。

资料来源：温铁军、杨帅：《"三农"与"三治"》，中国人民大学出版社2016年版，第209—224页。

2. 综合性合作社的社区性产权安排

综合性合作社的社区性产权安排，除了按一般的合作原则对社员股东进行股权收益分配，以及按交易量返还收益外，最本质的不同还在于社区收益的设计。

在实践中，我们看到综合性合作社在具体的业务领域中，也往往采用股份合作制的产权设计。这与以往乡村工业化中产生的股份合作制在产权设计上是类似的，但运作机制上有明显不同，一是资本积累形式不同，二是生产组织形式不同。

在以往的社区股份合作制经济中，资本积累主要依靠土地要素升值和溢价带来的土地资本化收益，或者还有早期社队工业发展时的成员劳动积累；而综合性合作社内的股份合作，更主要的是社区社会资本与农村生态文化等要素与弱质的留守群体的人力资源结合形成的社会资本积累。

这种不同，我们可以结合生产组织形式中的差异来进一步理解。在以往的土地股份合作制中，社区成员的土地财产和以往的劳动价值折成股份加入合作社后，集体经济组织成为经营主体，成员年终分红，主要体现的是财产上的入股合作。而综合性合作社内的股份合作，从生产组织形式上看是农户合作与专业经营团队的结合。由于小农生产自身的特点，这里的股份合作必然建立在以户为生产经营主体的基础上。在笔者调研的当代合作社的发展案例中，有很多尝试以土地入股、集中生产经营的例子，但最终都失败了。因此，农户入股综合性合作社后，其自身仍然是生产主体，合作组织开展的是生产环节以外的经营业务，从而形成的是一种农户合作与合作社执行团队相结合的模式；不仅涉及财产上的入股合作，也涉及经营合作；收益分配不仅依据入股资金分红，也依据交易量返还。

此外，社会资本运作的基础是社区环境，产生社会资本的各种元素——社会信任、社会网络、社会规范、社会价值、社会文化等，主要在社区非经济领域的场域中形成并强化，如社会、文化、公益活动等，这些领域本身都具有正外部性的特征。因此，在综合性合作社内部，另一项对剩余的分配制度就是，净利润的一定比例都作为社区公益积累而上缴，用于支付社区社会、文化、公益部门的组织成本。在综合性合作社内部，组织成本、收益在经济领域与非经济领域综合分担、分配，从而整体上达到成本—收益的均衡。

第五章　社区网络组织的治理结构

第一节　利益相关者共同治理的逻辑

企业组织的治理结构是由企业的产权结构决定的。前面已经介绍，主流的企业产权理论，无论是完全契约框架下的团队生产理论，还是不完全契约框架下的"新产权学派"，都从自身的逻辑体系推导出了企业的最优产权结构应该是企业的剩余索取权和控制权集中对称于雇主（资本家）一方的结论，"资本雇佣劳动"或者说"股权至上"的单边治理就成为必然。而另一些对工人自治企业及日本的人本主义企业模式进行研究的经济学家，则坚持了企业所有权应集中对称于雇员，以及"劳动雇佣资本"的主张。

杨瑞龙、周业安（2000）[①]的研究则指出，无论企业的剩余索取权和控制权是集中对称于雇主，还是集中对称于雇员，其实隐含了企业治理主体唯一性的假定。而企业作为由专用性人力资本和专用性非人力资本形成的一组关系契约，从逻辑上讲持有专用性人力资本的雇员也为企业剩余作出了贡献，而且出于保护自身的专用性投资不受损失的考虑也有充分的激励对企业进行监督，而不仅仅是靠雇主来进行监督。顺着这个逻辑推论，由投入了专用性资产的利益相关者共同分享

---

① 杨瑞龙、周业安：《企业的利益相关者理论及其应用》，经济科学出版社2000年版，第87页。

企业所有权，共同治理企业也就是理所当然的了。

在现实企业的发展过程中，早期业主制企业、合伙企业及一些股东主导型企业等单边治理结构的古典企业确实存在了几百年。但在现代社会中，大量的公司治理是越来越偏离于"股东至上"的单边治理逻辑的。特别是第二次世界大战后德国和日本出现了新型的企业治理模式。库恩（Kuhne，1980）① 根据欧美第二次世界大战后重建中出现的企业治理结构创新，提出了"共同决定"的治理模型，即由雇员选举自己的代表，与股东共同组成公司决策机构，参与企业治理。德国1976 年颁布的《共同决定法》就规定监事会中必须有一定比例的工人代表。而第二次世界大战后的日本，在强行拆散原来的几大财团并将其股权分散化以后，在企业相互持股形成的股东会制度，以及银行持有 20% 左右的非金融机构股份基础上形成的"主银行制度"的基础上，形成了实际上由股东、银行和经理人员共同治理的架构，并由经理人员作为股东和雇员利益协调人而形成了合作（博弈奥基、帕特里克（Aoki，Patrick），1994）②。随着德国和日本在经济上的成功，加上欧美在 20 世纪 80 年代出现的牺牲雇员利益的并购风潮，使得经济学家不得不对古典企业治理模式进行反思。例如英国 1985 年修订的《公司法》也规定"董事们考虑的问题应包括公司全体职工的权益以及其他成员的权益"。美国的 29 个州在 20 世纪 80 年代也相继立法反映企业利益相关者的利益（崔之元，1996）③。国内的研究者如周其仁（1996）④、崔之元（1996）都强调了企业是包括物质资本和人力资本在内的利益相关者之间形成的契约属性。

---

① Kuhne R. J. , *Co - dermination in Business：Worker's Representatives in the Board Room*，New York：Prager，1980.

② Aoki M. , Patrick，*The Japanese Main Bank Systems：Its Relevance for Developing and Transforming Economy*，Oxford University Press，1994.

③ 崔之元：《美国二十九个州公司法变革的理论背景》，《经济研究》1996 年第 4 期。

④ 周其仁：《市场里的企业：一个人力资本与非人力资本的特别合约》，《经济研究》1996 年第 6 期。

在以上逻辑和现实发展的基础上，杨瑞龙、周业安（2000）提出了一个利益相关者共同治理的模型，如图 5 – 1 所示。

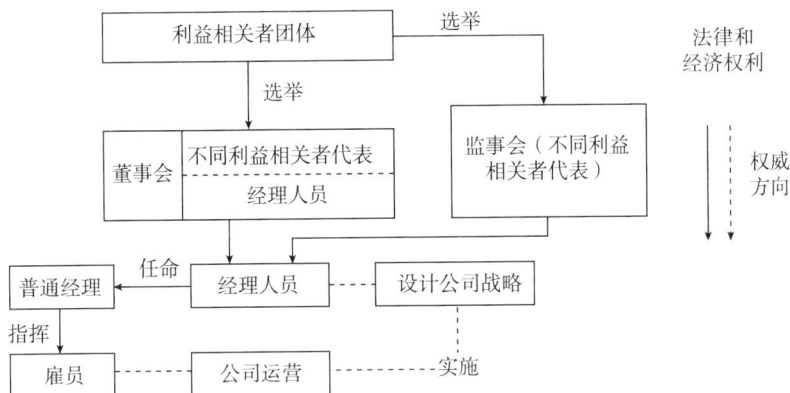

图 5 – 1　公司治理结构的利益相关者模型

资料来源：引自杨瑞龙、周业安：《企业的利益相关者理论及其应用》，经济科学出版社 2000 年版，第 128 页。

第二节　社区网络组织中的利益相关者及治理结构

一、社区网络组织的利益相关者结构

对于企业的利益相关者，参考威廉姆森（Williamson，1985）的论述，大致可以分为六个方面：工人、资本家、经营者、供应商、客户、社区。杨瑞龙、杨其静（2005）根据不同的资产专用性程度、不同的保障措施及不同的交易价格，将这六个方面的利益相关者与企业之间的契约治理关系做了如图 5 – 2 所示的归类。

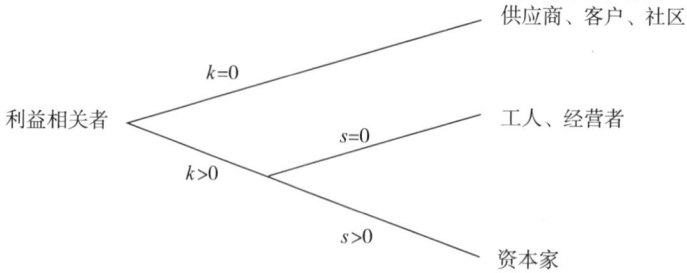

图 5 - 2　不同契约类型下利益相关者示意图

资料来源：引自杨瑞龙、杨其静：《企业理论：现代观点》，中国人民大学出版社 2005 年版，第 101 页。

图 5 - 2 中 k 代表资产专用性程度，$k = 0$ 时不具有资产专用性，$k > 0$ 时具有资产专用性；s 表示是否采用了相应的保障措施，$s = 0$ 时表示未采用相应的保障措施，$s > 0$ 时表示采用了相应的保障措施。当然，三种情形下相应的交易价格是不同的，不具有资产专用性时的交易价格最低，具有资产专用性而又未采取保障措施时的交易价格最高，而具有资产专用性又采取了保障措施时的交易价格居中。

从图 5 - 2 中可以看出各利益相关者与企业的相对关系，当不存在资产专用性时，在市场中与企业交易的供应商、客户及其所处的社区都是广义的利益相关者；当存在资产专用性时，一体化后进入到企业中的工人和经营者都成为利益相关者，但他们的投入不具有专用性，不需要专门的保障措施，企业就成为资本家保障其专用性投资的一种机制。这当然描述的是在市场和科层制企业二分法的框架下的古典企业治理模式下的利益相关者的分布状况。而且，不存在资产专用性时，企业与供应商、客户之间的利益关系仅仅体现在市场价格上，并不是企业治理所考虑的最为紧迫的利益相关者。因此，在研究企业治理结构时，所要考虑的是那些因投入了资产专用性而与企业利益休戚相关的主体（杨瑞龙、周业安，2000）①。

在社区网络组织中，最大的特点是将交易双方置于社区的社会网络之中来分析其契约关系，并引入了社会资本专用性的概念。因此，凡在社区网络组织中投入了专用性物质资本、人力资本和社会资本的参与人都成为考察网络组织治理模式时所要考虑的利益相关者。具体来说如下。

1. 农户

作为独立生产单位的农户，通过产品或服务与中介组织发生直接的契约关系，在其产品不具有专用性特点时，双方在市场中是一种松散的利益相关关系，并不是组织治理所要考察的。但当农户和中介组织之间的产品或服务因具有专用性而嵌入双方的关系结构中时，农户就成为社区网络组织的核心利益相关者了。在不同类型的社区网络组织中，农户保护其专用性投资的机制也是不同的：在"社员 + 合作社"型的社区网络组织中，社员通过股份分红和按交易量返还的方式获得剩余索取权，并通过"一人一票"制拥有对合作社的控制权，从而使其专用性投资得到保障；在"农户 + 社区性企业"构成的社区网络组织中，农户通过受关系约束的契约来维护其专用性投资；而在混合型的社区网络组织中，则通过上述两种方式的组合来保障其专用性投资。

2. 中介组织股东

包括社区成员股东、合作社社员股东，以及其他投资主体等。

3. 中介组织经营者

包括合作社经营管理人员、技术人员、业务人员，以及合作社企业家等。他们所拥有的是农业企业或合作社发展所必不可少的准确判断农产品市场发展方向的能力、组织调动和协调中介组织内部资源的能力、为社区网络组织融资的能力，以及承担、抵抗各种风险的能力。

---

① 杨瑞龙、周业安：《企业的利益相关者理论及其应用》，经济科学出版社 2000 年版，第 132 页。

而且，由于农业经营的特殊性，现实中很难形成一个让合作社企业家自由流动或跳槽的市场。所以，他们所拥有的是一种既具有专有性又具有专用性特点的资产。对于社区网络组织的经理人员、专业技术人员、业务人员而言，他们所拥有的是对农业生产经营管理的特殊知识等专用性人力资本，以及与农户和外部销售市场所形成的关系网络中产生的专用性社会资本。按照现代企业的治理模式，组织中这些持有专用性人力资本和专用性社会资本的利益相关者，可以通过参与选举董事会和监事会，或者是直接参与董事会和监事会的方式参与企业治理。在社区网络组织中，他们可以通过参与合作社社员大会、理事会、监事会，以及对合作社日常运营管理控制等方式，参与社区网络组织的治理。

4. 社区

在前文已经分析，嵌入社区的农业契约，其履约受到社区内部的非正式规范、社区舆论、文化价值等社会资本的影响。这些社区层面的社会资本是由成员在社区公共空间中长期形成的，对内为社区所共有共享，对外则有较强的排他性。正是这种社区社会资本的存在，才使得那些纯经济意义上的契约得到保障。它是一种社区所有的兼有专有性和专用性特点的资本。因此，社区理所当然也成为农业网络组织最核心的利益相关者。

界定了利益相关者之后，参照公司治理的利益相关者模型，再结合不同类型社区网络组织自身的特点，我们很容易勾画出社区网络组织治理的利益相关者模型，如图5-3所示。

从图5-3可以看出，这个模型继承了公司治理结构的利益相关者模型中的两个最主要特点：一是社区网络组织的决策机制是由利益相关者共同决策，而不仅仅是由参与交易的单一某一方来主导或控制；二是社区网络组织治理的目标不仅仅是实现经济交易双方的利益最大化，而且还要承担相应的社会（社区）责任。

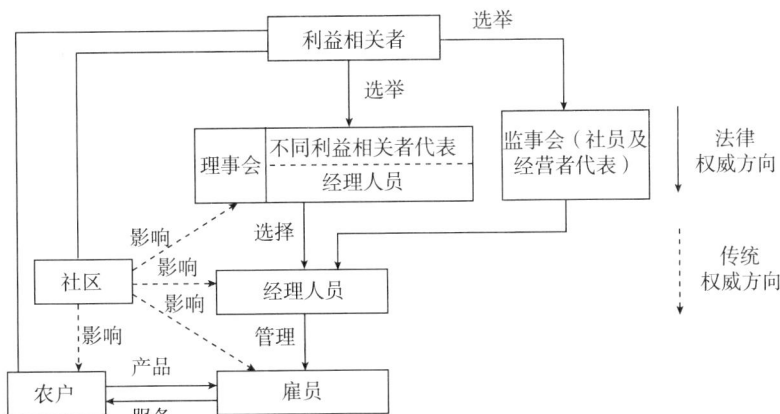

图5-3 社区网络组织治理结构的利益相关者模型

资料来源：作者自绘。

二、社区网络组织模式的理想化类型

然而，社区网络组织的利益相关者治理也有两个显著不同的特点。

1. 社区的特殊作用和地位

正如上面已经分析的，社区的重要性源于社区社会资本对保障履约的作用，这使得它成为社区网络组织剩余的重要贡献者之一。而且由于社会资本的专用性，也使得社区成为社区网络组织的产权主体。然而，社区作为一种利益相关者又有其特殊性。其一，作为成员共有社会资本的特殊"保有者"或"代理者"，与一般的自然人或组织法人主体相比，社区的产权主体地位往往更容易被虚置。其二，尽管可以通过选取成员代表或设立社区法人的形式将社区代理者人格化，但其专有性社会资本往往缺乏现实的谈判力。比如，农户、中介组织股东及经营者的社会资本的谈判力可以通过与其在专用性物质资本、人力资本的结合中加以体现，但社区社会资本却缺乏这种途径。这也导致了社区在网络组织中实现其谈判力的方式不同，或者说权威类型的不同。这成为网络组织的第二个特点。

2. 农业网络组织中的权威类型

韦伯（2004）在论述现代组织的合法性治理类型时，将合法性支配权利的权威基础划分为三类：一是法理型权威（支配），二是传统型权威，三是个人魅力型（或卡理斯玛型）权威。根据韦伯的描述：法理型权威建立在正式的法律制度规则之上，在"一个具有合理规则的制度"下，"只要符合规则运作，他的权利即是正当的……服从乃是针对规则，而非对人"；传统型权威则"奠基在传统的神圣性——一种具有惯习化与恒常化的神圣性"，是源于对惯例习俗的信仰和服从；个人魅力型（或卡理斯玛型）权威则往往是建立在某些具有个人魅力的超凡领导者身上。[①] 现代社会组织中的合法性支配基础主要来源于法理型权威，而传统型权威和卡理斯玛型权威主要存在于传统社会。当我们这里讨论社区网络组织的治理模式时，其作为现代社会组织的一种类型，当然是以合法合理性（法理型）权威为主。特别是在中介组织内部，本身就是一个靠法理和制度支撑的层级化指令来运转的科层体系。但当中介组织和农户共同嵌入社区中时，社区作为一种非人格化的主体，它通过被各方所共同认可的传统、习俗、价值规范等方式对他们的行为产生约束。因此，在社区网络组织中，除了法理型权威外，还存在传统型权威的影响。此外，在一些社区网络组织中卡理斯玛型权威也有体现，特别是中介组织的创业者，比如社区型企业的企业家、合作社企业家，他们的创业精神和个人能力常常也会成为其个人权威的基础，甚至是作为一种无形资产和组织精神支柱内化于组织的运转之中。但我们这里只从经济学的角度考虑其企业家才能及其在组织产权中的谈判状况，那些涉及组织行为学和社会学的内容在此则不多讨论。

因此，在社区网络组织中，另一个显著不同的特点就是其权威的

---

① ［德］韦伯：《支配社会学》，康乐、简惠美译，广西师范大学出版社2004年版，第19—20页。

多样性。如图 5 - 4 所示，它既包含一个靠法理型权威来层层下达指令的等级体系，同时还包括一个依靠社区的文化、价值规范等传统型权威来对各方行为产生约束的非正式体系。

接下来，我们可以简要列出两种理想和类型的社区网络组织的治理模式。

（1）"社区 + 合作社" 型的社区网络组织

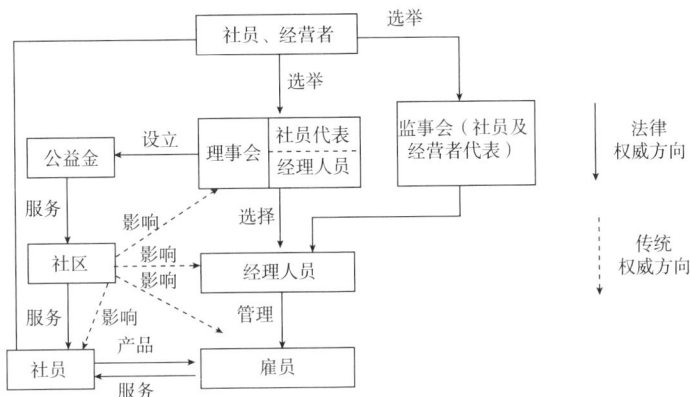

图 5 - 4　"社区 + 合作社" 型社区网络组织的治理结构

资料来源：作者自绘。

（2）"社区 + 社会企业" 型的社区网络组织

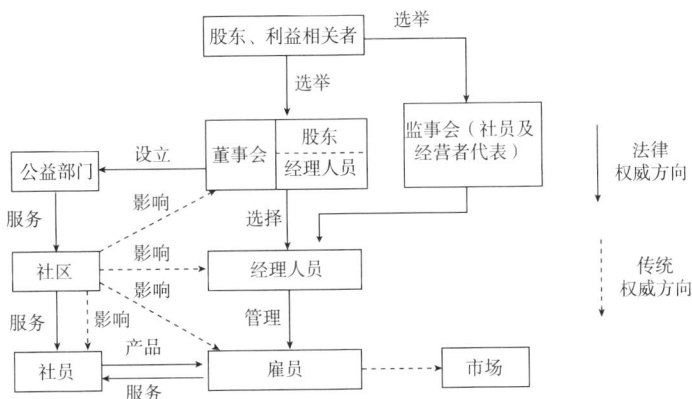

图 5 - 5　"社区 + 社会企业" 型社区网络组织的治理结构

资料来源：作者自绘。

第三节　社会资本与社区网络组织中的激励与监督

从长远看，组织存在的基础在于其效率。在前面的分析中已经指出，科层组织是采用引入监管者来协调集体行动、减少交易费用的一种方式。在这种方式下，监管者承担协调和组织的成本，代价是让其享有大部分组织剩余。但在单一的农业经营领域，由于农业自身的收益低下，很难负担引入监管者增加的新的成本。在现实世界里，科层之外许多涉及合作和协调的活动也常常由于机会主义行为的不可监测，或因监督成本太高而使得组织难以维系。在农业合作领域，随着农户数量的增多，中介组织对合作农户的管理和维护将变得更加困难。特别是对那些难以单从产品自身来测定其质量是否符合标准的情形，比如有机农产品和生态产品，就需要对生产过程进行追溯和监督。显然，面对分散在广大地域内的大量农户，要有效监督其生产行为几乎是不可能的。

奥斯特罗姆（2000）[1] 的分析，为我们展示了在网络组织中，对"搭便车"或投机行为进行监督和制裁的另一种经验。如她在长期存续的"公共池塘资源"[2] 制度中的八个设计原则中指出的自主组织中的监督和制裁原则：

原则 4. 监督

"积极检查公共池塘资源状况和占用者行为的监督者，或是对

---

[1]　奥斯特罗姆原本使用的概念是"自主组织与自主治理"，与本书使用的网络组织的概念本质上是一致的。如奥斯特罗姆（2000）指出，自主组织所分析的就是介于市场和科层（企业或政府）之间的治理形式。［美］埃莉诺·奥斯特罗姆：《公共事务的治理之道》，余逊达等译，上海三联书店2000 年版，第63—90 页。

[2]　"公共池塘资源"（CPR）是奥斯特罗姆提出的一个用于描述公共事务的概念，其分析的是人们在实践中达成合作与协调的经验，为理解网络组织的治理机制提供了有益的参照。

占用者负有责任的人，或是占用者本人。"

原则 5. 分级制裁

"违法操作规则的占用者很可能要受到其他占用者、有关官员或他们两者的分级制裁（制裁的程度取决于违规的内容和严重性）。"

资料来源：［美］埃莉诺·奥斯特罗姆：《公共事务的治理之道》，余逊达等译，上海三联书店 2000 年版，第 144 页。

这两个设计原则中，关键在于利益相关者之间的互相监督及内部规范对个人行为形成的制约。因为相比于科层组织引入的职业监督者，处于网络之中的利益相关者之间的信息往往更为对称。在农业网络组织中，由于成员通过长期的交往形成了较为稳定的联结，成员间的信息将更为充分和对称。特别是在社区内部，在长久的生活中，人们对彼此的认识和了解已经深入方方面面。人们对于其他人是否存在投机行为的判断，可以依据的不仅仅是他人在交易活动中的即时信息，还来源于在过去和其他场景中与之交往时所形成的印象等储备信息。

并且，社会资本的声誉机制、互惠和信任机制有利于对生产者的行为进行有效的约束，甚至在生产者之间形成互相监督机制。比如在那些社区性的合作社与农户之间形成的网络组织中，中介组织、每个参与合作的农户生产劳作都在同一个村庄之内，每个参与人的行为都是暴露在其他参与人眼前的，任何投机行为都有可能被他人发现，经济的惩罚、舆论的压力都会制约着他的违约行为。更进一步说，如果这些农户和中介组织本身都是因为有共同的理念才进行合作的，这种价值认同会使得每个人自觉地形成自我约束。这种网络组织内的相互监督和约束从下面这两个案例中可见一斑。

专栏 5-1：H 省 ZQ 县 SY 村蔬菜合作社的内部监督

H 省 ZQ 县 SY 村蔬菜合作社是由村"两委"发起的多个村庄内部

合作项目中的一个。初期采取集资入股、集中生产管理的形式。后来由于集中经营内部管理问题太多，又改为分户生产的形式，合作社只负责农资、技术服务及市场销售。由于社员都来自同一个村庄，对社区及彼此情况都充分了解，并且在村内处事都会顾及名声和面子。这对合作社经营中出现的各种问题起到了及时的监督作用。

（1）资金监管。经棚户代表、党员代表、群众代表联合审查大棚基建账目，发现基建小组负责人重复报销1万元基建款，此事被指是贪污行为。但后来经查证为负责人工作失误造成的账目误报。

（2）质检。2010年春节前由合作社聘请的某公益组织志愿者主管质检，对质量检查非常严格。他认为"黄瓜分等级销售是非常必要的，特别嫩的和老的要区分。由于有的棚专门瓜老了再卖，认为这样一箱称起来更重，能赚更多钱。但长期下去若被批发商发现，就会影响整体销路和价格"。社员虽然明白这个道理，但若自家的瓜被挑出来当次瓜卖，就不情愿了。但由于质检主管是村庄请来的志愿者，村民都认为其是来为村庄发展奉献的，因此也就不好意思多说什么。

（3）对私自销售的惩罚。合作社规定统一销售，不准棚户私自卖瓜。曾因两棚户私自卖瓜，罚时任社长王师傅500元。在与王师傅的访谈中，当问到为什么罚他而非棚户时，王师傅对此表示很理解，"如果罚棚户的话他心里肯定不平衡，有怨气，罚他反而制造矛盾。罚我的话他们就会理解我，自己也感到不好意思，这种事以后就不会发生了"。

资料来源：案例由作者根据实地调研资料整理。

专栏5-2：米村综合性农民合作社在生态养殖中的内部监督

米村合作社是国内较早从事生态农业生产的综合性合作社。合作社在有机稻米、有机小杂粮种植，藕蟹生态混养等多个领域开展生产合作。合作社成立了养殖小组，采用传统自然喂养法养殖生猪，按照猪的自然生长规律饲养，在饲养过程中不使用任何激素或添加剂，饲养一头快乐猪的出栏期将近一年。

一般情况下，按照自然养殖方法喂养的生猪肉质可口，价格可以卖到市场价格的两到三倍。但同时，出栏时间约为普通养殖的三倍，且以粮食和蔬菜为食，成本也很高。尽管按照自然养殖方法，与按照普通方法喂养出来的猪肉口感差异十分明显；但在销售时，单凭肉眼和现有的检测方法，很难鉴别区分。因此，如何保障养殖户严格按照自然养殖方法养殖，以维系生产者和消费者之间的信任成为这类有机食品消费中至关重要的问题。

米村合作社利用自身在有机农产品生产销售中已经建立起来的口碑，在2010年发动市民消费者参与购猪认养活动。共有来自北京、省城、市里等地的20余位市民认购了米村养殖的32头快乐猪，每头猪预交500元订金，协议价格为不低于市场价两倍。

通过认养，生产者和消费者直接对接，免去中间环节，市民直接从农民手中购猪，形成城乡互助机制，促进城乡良性沟通。市民认养农民的猪崽，并且支付一定数额的订金给农民；农民负责喂养小猪，并且用自然的方法喂养猪，在喂养过程中不使用添加剂和激素等。

在市民和农民签订的协议中，确认市民认养的猪的头数、到期时猪肉的价格等等。农民要为市民提供安全和健康的成品猪，保证在饲养过程中，不使用任何添加剂，为猪提供多样化的饲料。市民提前支付500元订金，并有权随时实地查访农民在快乐猪的饲养过程中是否使用了添加剂。对于可能出现的纠纷或问题，由市民、农民和米村合作社三方协商解决。

在饲养的过程中，最核心的问题就是前文所说的怎样让市民消费者相信自己饲养出来的猪是按照承诺中所说的方式喂养出来的。饲养小组曾讨论过在猪圈内安装摄像头，然后联网实时对外公布快乐猪的生长情况，以接受消费者的监督，但这样做成本太高，显然不太现实。

这时，米村合作社积累起来的社会知名度就发挥了重要作用。在合作社内部，利用生产者之间相互监督。监督员隔三岔五都会巡查一遍各户的猪圈，监督是否按承诺喂养，查看各农户的饲养情况。据一位监督员介绍，有没有喂含有添加剂的饲料，仅从猪的粪便上就能判断出来。养殖户每周也会到村委会开一次例会，谈论近期内饲养过程中出现的问题及需要注意的事项。除此之外，小组要求每位组员一定时期内要记录猪的成长日记，实时记录喂养的饲料配比、成长情况、是否出现疾病等。

米村合作社利用自身的知名度和与消费者建立起来的关系网络，加上内部有效的质量监督，较好地解决了生态产品消费中的信任问题。

资料来源：案例由作者根据实地调研资料整理。

当然，随着网络组织规模的扩展，会出现信息衰减或损耗的问题，信息对称的程度会随之减弱。当网络组织的规模超越社区的范围，涵盖若干个不同的村庄时，成员可能是完全陌生的。这时，就需要引入一种更为制度化，同时又不带来科层化的高成本的信息采集方式，以保证网络组织内部信息流的对称和充分。

在农业网络组织的实践中，比如综合性的合作社或社区型企业中，我们可以看到一种有效的信息获取方式，即这些农业网络组织可以综合采集信息，并在多个业务领域内使用，以达到信息充分化的效果，并分散信息搜集成本。具体来说，就是使信息搜集成本分散到成本较低和较高以及容易采集和不易采集的领域，形成综合的信息后在农业网络组织内部共用。

专栏5-3：综合合作社内部的社会资本积累与监督激励方式

S省F市果乡合作社充分利用组织积累的社会资本，较好实现了内部激励和监督。在合作社的各个业务板块中，文化和社区公益领域的合作是信息采集成本最低、最充分的领域，社区利用这些领域内所形成的工作基础，定期入户调研，建立制度化的信息采集机制，所形成的农户综合信息为各种经济合作组织所共用，构成了多个业务部门工作的基础。比如农资统购中对每年农资预购总量的把握，城乡互助实行的"实物返利"对会员日常需用品的信息掌握，以及对接金融业务时，对农户信誉、偿还能力、贷款用途的识别和管理等。

其核心机制一是通过社区公益文化活动积累合作社的声誉；二是通过带动社员广泛参与，加深合作社与社员以及社员之间的联系和了解，辅助工作人员入户调研形成较为详细的社员生产生活数据，在使信息更加充分化的同时，也增强了社员的共同文化认同。在这个过程中，组织各个层面的社会资本得到积累和强化，从而实现内部的激励和监督。

在作者调研的另一个综合性合作社，A省F市平原乡兴农合作社同样是跨越了数个村庄社区的范围，合作社成员间也是在长期的社会文化活动中有了频繁的交往，并逐渐积累起对组织及对其他成员的信任。这是合作社后来开展多领域经营时，能够较好地实现内部监督的基础。正如前文专栏所描述的，合作社承接的工程项目，极大地发挥了成员内部监督的作用。

当然，我们在关注这些综合性合作社内部监督的优势时，也常常会看到现实中的反例。常见的情形是，虽然利益相关、信息也对称，但成员在对他人监督时获得的收益并不足以支付在此过程中的损失，导致每个成员都不会为公共利益采取行动，这是集体行动的老问题。因为某个个体虽然能够甄别出其他参与集体行动的成员是否存在机会主义行为，但为此遭受损失的并不止他一人，他的揭发很可能遭致被揭发者事后的威胁、报复，因此，他的揭发为自己带来的收益和可能蒙受的损失是不对称的。相比揭发而言，自己也加入偷懒的行列虽然不会带来更多的收益（事实上收益肯定是下降的），但可以确信的是不会带来比揭发或保持现状更糟的结果。最终，这样的行为逻辑会使所有人都趋向于偷懒。或者退出合作。我们在很多合作社中都可以看到大家各为私利导致组织经营困难，成员消极退出的例子。

这个问题涉及农业网络组织运作中的另一个方面——激励问题。对此，古典组织的解决方案是收益激励——股权、提成、薪酬等各种方式。随着组织管理实践的发展，后来又引入了企业文化建设的概念。文化建设试图在成员间培育一种崇高、利他的价值取向，在形成群体性认同的基础上加强成员对组织的忠诚。文化建设在企业治理的实践中发挥了重要作用。

在上述综合性合作社内部，这种组织认同和群体价值所发挥的作用更为明显，原因一方面在于这种认同和信任增强了成员对未来收益的预期；另一方面也在于这些农业网络组织本来就建立在涵盖社区经济、社会、文化公益等综合发展的基础之上，这样更利于形成群体认同和价值。而这正是社会资本的核心内涵。

资料来源：案例由作者根据实地调研资料整理。

总之，在社区网络组织内部，社会资本带来的是内部规范和信息充分基础上的监督，以及基于群体认同和信任的激励。这正如社会学中对群体行为研究时指出的：

……研究表明，在偷懒数量与偷懒是否显眼之间有某种关系。一项研究称，大学生群体与其他群体竞争时，偷懒者要少些（哈金斯和席曼斯基，1989）。更进一步说，当个体知道他们的工作结果要向大家公开时，偷懒就更少些（威廉斯、尼萨和拉塔内，1989）。最后，群体工作的感染力越大，发生偷懒的情况就越少（扎卡罗，1984）……

资料来源：［美］戴维·波普诺：《社会学》（第十版），李强等译，中国人民大学出版社1999年版，第178页。

概括来说，社区网络组织内部的这种监督优势源于两个方面：一是社区内部规范在成员进行理性选择时所产生的影响；二是农村社会中成员间信息的对称性，或者说过往场景或其他场景中对信息采集成本的"预付"。无论是内部规范，还是建立在信息充分基础上的信任，都是社会资本的重要内容。因此，社区网络组织内，因社会资本的存在，形成了有别于科层与市场体系下的监督和激励方式。

在传统的农村社会，存在着各种形式的潜在社会资本，包括家族宗族网络、特定场域内的象征性活动网络、不同领域的功能性组织网络，以及各种人际关系网络等。随着现代经济转型中市场消费观念不断侵入，乡村社会日益原子化，乡村原有的各种社会网络、社会组织及价值规范都逐渐解体，那些传统的社会资本要素也随之散失。

因此，在社区网络组织的发展过程中，重新建立乡村社区成员之间的联系，重新塑造社区内部的价值规范，重建社区的治理组织，在此基础上重新生成社会资本赖以集聚的社会元素，是农村获得发展的一个前提。

第六章 "社区＋合作社"型网络组织：平原乡兴农合作社案例

平原乡兴农合作社位于 W 省北部平原，在合作社的大院内，矗立着一座石碑，上面题写着"合作的丰碑"，似乎向人们讲述着这个农民合作社近二十年的发展历史。平原乡地处中国南北气候过渡带，适宜各类农作物生长，农副产品丰富，盛产小麦、玉米、大豆、红薯、瓜果、蔬菜、生姜、生猪、黄牛、山羊、家禽等，是该市优质粮油和"菜篮子"基地。20 世纪 90 年代至 2000 年税费改革以前，这个地区曾因农民负担过重及其引发的一系列问题而产生了诸多矛盾冲突，引起了当地农民以查账退钱为目的的维权活动。并且，在此过程中，逐渐形成了一个松散的农民网络组织。随着国家取消农业税，以及新农村建设以来各项大力惠农反哺政策的实施，这个网络组织逐渐转变成为一个以留守的老人群体为主体的，涵盖村庄生产、文化、公益活动等内容的综合性农民合作组织，并在新时代展露出新的发展气象。

第一节 开展文化合作、群众乐于参与

一、特定历史时期形成的农户关系网络

平原乡的综合性社区合作组织最初发源于当地农户反映农民负担

的活动。20 世纪 90 年代中后期，由于宏观经济波动、地方财政压力增大等外部环境的改变，在当时的农村税费征收体制下，基层政府和村"两委"搭车收费成为一个普遍的现象。这样，乡村两级过高的费用支出被转移到农民身上，基层治理环境逐渐趋于紧张。在这种大的历史背景下，平原乡出现了群众自发组织起来查账、并向上级反映负担过重问题的活动。在这个过程中，出于集体行动的需要，参与的农户逐渐形成了一个松散的关系网络。

2000 年 W 省被确立为最早的税费改革试点省。随着税费改革的推进，农民的负担开始明显减轻，干群在税费征收中的直接冲突也开始减少，平原乡大多数村民的生活也重归平静。在这种情况下，平原乡这个由参与查账和反映问题的农户形成的关系网络，顺势转化为从事生产和建设活动的农户合作组织。

在提出了向生产建设转型的思路后，组织内部虽然形成了统一意见，即要保持组织，并争取注册成合法的民间团体，但具体的工作方向一时间却很难明确，组织的发展进入了一个徘徊和不稳定时期。在此时，一些骨干在参与了外部一个致力于农村发展的公益组织——Y 中心组织的培训后，开始接触到农民合作社的一些理念，并结合平原乡农户组织的实际情况，形成了从文化活动入手带动组织转型的思路。随着文艺组织和老年组织的成立，一套正规的组织结构和制度也随之建立。这成为"维权协会"转型的契机。

二、村庄文艺队带动组织转型

"协会"骨干在参加 Y 中心组织的培训后，在与 Y 组织工作人员的交流讨论中，逐渐明确了转为农民合作组织进行社区建设的发展方向。但一时还找不到可以入手的项目。而且，在平原乡，由于早期参与维权活动的大都以老年人为主，也没有一下子就搞生产合作的条件。于是，在与公益组织的讨论碰撞中，形成了结合这些老年人自身特点寻找合作突破口的思路。

在 2003 年暑假，Y 中心组织了几所高校的二三十名大学生志愿者组成的支农队进入平原乡，帮助他们成立文化组织。几十名大学生进村，一下子便引起了当地人的关注。随着大学生们文化活动的开展，因长期冲突矛盾而显得气氛凝重的村庄一下子热闹起来。在这些入村志愿者的帮助下，原来各村的维权骨干 20 余人于 2003 年 7 月 23 日发起成立了文艺队，Y 中心也捐给文艺队 5000 元钱，用于购买文艺工具和活动开支。由于原来参与维权的骨干大都是中老年人，他们中的很多人都有着集体化时期乡土文艺文化活动的技艺和经历，因此文艺队吸收了很多骨干加入。孙庄和赵王庄的维权带领者成为文艺队的正副队长。

文艺队成立后，初期的活动主要是秧歌、旱船、花棍舞、当地民间曲艺等，也将一些涉农的重大理论政策如"中央一号文件"等改编成文艺节目加以宣传，这样一方面通过各种形式的文艺活动丰富大家的业余生活，同时也宣传国家政策等，希望借此提高集体的凝聚力，也逐渐改变基层政府和其他农户对维权组织的看法。

在当时，文艺活动的意义在于，一方面使得组织有了马上可以着手开展的集体活动，以维系组织的继续存在；另一方面，也有利于慢慢改变其他村民对"维权协会"是与政府对抗的政治组织的印象，并且，频繁的文艺演出也缓和了村庄在税收冲突中形成的紧张氛围，很快便吸引了大量的村民参与到以文化为主的公共活动中来，使长期被矛盾冲突压抑的乡村形成了一个新的公共活动空间。

据原平原乡合作社文艺队队长回忆：文艺队成立之初主要是为了丰富大家的业余生活，通过各种形式的文艺活动宣传党的一些重大理论决策，例如"中央一号文件"……而且也希望通过文艺活动提高一个集体的凝聚力。到 2006 年时文艺队有成员 23 人，分别负责乐器、喜剧、演唱、旱船等表演，加上秧歌队的成员还有 40 多名，如果有大型活动，老年协会里的许多成员都可以参与进来……而村民们也非常支持文艺队的工作，很多村民长期在外打工，家里很多老人留守，一般的电视节目对于他们来说吸引力并不大，他们更喜欢参加这种既是集体大众的又有地方特色的活动，文艺队刚好丰富了他们的业余生活……

另据村里的一位参与过文化活动的老人回忆：文艺队和老年协会成立后，经常召集大家开开会，唱唱歌，一起看看报纸，学习一些法律知识和老年人健康知识。通过这个我们学会了很多东西，比如我学会了睡觉前用热水洗脚有利于血液循环，有利于脑健康。还组织了尊老爱幼活动，如举行了评选好媳妇、好婆婆的活动，还发了奖状，获奖者都把奖状贴在了家里最显眼的地方，而且颁奖活动搞得很热烈。好婆婆好媳妇还经常聚在一起。

在文化活动中，这个社区网络组织也由"压力对抗性组织"转型为一个建设性组织，参与者们也在这个过程中经历着农民合作组织的组织、制度以及文化的训练。

三、组建老年协会

在文艺队成立后不久，考虑到参与者大多为中老年人，又以"老有所养、老有所为"为宗旨成立了老年协会。老年协会的组织执行者都是维权时期的核心骨干，并在 2003 年夏天组织评选了村"十佳媳妇"，由村委会资助购买了肥皂、毛巾、脸盆等奖品，协会自己制作了奖状，由文艺队扭着秧歌、敲锣打鼓送到获选者家中；2004 年协会又组织了"十佳婆婆"的活动，场面更加热闹。这些活动在这些公共文化活动沉寂多年且基层矛盾不断的村庄中引起了很大的反响，极大地扩展了合作社在当地的社会正面影响力，也使得作为组织者的合作社骨干们备受鼓舞。

除了这些活动，文艺队固定在每周六、日进行排练，排练的节目有地方小戏曲、反映现实生活的说唱节目等。比如他们自编的反映老年人参加社会活动的戏曲《人老心红》，反映年轻人不尽孝的戏曲《不孝之子》等，后来在协会走向经济合作时又自编了小戏曲《老两口入股》。由于能发挥凝聚作用，也迎合了当地群众的需求，文艺队在初期活动十分丰富频繁。据一位文艺队队长回忆：平时在村里的演出一个月能有五六场；在农闲时，还会受到其他村庄会员的邀请到其他各村进行巡回演出；此外还时常受邀到附近几个集镇的庙会上参加演出，两个月间就赶了五场大型的庙会演出。参加庙会演出时举办方会给每个人五元钱的生活补贴，村庄演出都是义务的。但参与者都觉得最大的收获是活动得到了认可。

应该说，文艺队和老年协会的成立，在合作社不稳定的时期起了巨大的作用。当然，这种依靠文化活动带来的主观精神上的满足感并不能单独地去支撑一个组织持续的运转。正如他们自己所说，"唱唱跳跳是解决不了吃饭问题的"。于是，大家逐渐讨论工作进一步的方向调整问题。

第二节　外部资源对社区网络组织的影响

在获得生产经营收益之前，外部资源对社区网络组织的转型产生了一定影响。在平原乡兴农合作社的发展中，曾多次得到来自政府、民间机构及其他各种社会力量的资源注入及制度引入。这些资源的注入，也对合作社内部治理结构和组织制度的调整产生了重要影响。其中，某国际机构的小母牛项目、政府农业综合开发项目，以及某公益组织引入的罗伯特议事规则，直接引起了合作社组织制度上大的调整。

一、外部项目促成的社区组织建设

由于前期开展的几个经济项目实施都不理想，2007 年合作社开始申报某国际组织的小母牛项目资助。该机构明确要求以一个一个的社区互助组为单位进行申报和项目运作。于是，合作社借此机会开始推行社区小组为中心的组织结构。由于项目经费高达 200 万元，而该项目已经在全世界许多地方成熟运作，一旦申请成功，效益将十分可观。于是，合作社内部的思路很快就达成了统一。

社区小组制建立起来后，进一步扩大了合作社的组织力量，骨干增加了近四十人。社员很快增加到 480 多户，分布在 16 个社区，合作社直接与社区小组对接。而社区里小组的骨干都是社区里的老熟人，利用自身的人际关系网络，加上合作社和个人信誉，在社区中开展工作，成本低而且效果好。

可惜的是，虽然社区组织建设和申报的各项工作都已准备妥当，但最后由于某些原因，项目并未获得批准。

二、社区网络组织对接政府项目的优势

小母牛项目的申请失败对合作社是个很大的打击，其他项目也无明显进展。在这种背景下，同时和后续申请成功的其他项目对组织的稳定起到了一定的作用。作为一个自发形成的农户网络组织，在对接外部资源时显示出了很大的优势。

（一）沼气项目

由于当地条件适合安装沼气，区能源办便在当地大力推广沼气项目。面临的一个问题是，如何与农户形成有效对接。在经历了 20 世纪

90 年代税费矛盾突出带来的基层治理长期劣化后，加上大部分青壮年劳动力都已经外流，村庄基层组织已经很难对农户形成有效的宣传和动员了。因此，能源办推广沼气时进展并不顺利，对此也十分头疼。此时，合作社便显示出了很大的优势。

2007 年，合作社试着帮能源办宣传动员，并成功建设了几口沼气池。2008 年，在区能源办的支持下，合作社成立了沼气建设工程队，建设沼气池也为合作社解决了 3—5 位骨干的"就业"问题。

（二）农业综合开发项目

早在维权时期，维权骨干在维权活动中与主管农业开发的相关部门建立了联系。2008 年，鉴于历年土地治理项目经费被层层挪用的情况，主管部门开始尝试由合作社来承接项目。当年在省内批准了四个试点，平原乡合作社成为试点之一。

项目批准金额 125 万元，财政拨付 90 余万元，剩余资金由合作社动员农户配套投入。由合作社直接承担此类项目在国内尚属首次，也是兴农合作社承担的最大的一个政府项目。在实际的执行中，由区农发局负责招标，合作社派出五人小组监督施工质量，工程结束后需由合作社的监督小组出具工程合格意见，施工单位才能到相关部门结算工程款。

合作社在协调农户和监督工程方面都显示出了极大的优势。如在修路挖渠需要占用农户的地或砍除树木时，通过合作社的组织力量，没有花费任何占地（木）补偿和工作费用就得到了很好的协调。

随着项目的进行，出现了几处质量问题。如修建的一处桥梁因混凝土厚度不够，建成后不久就被车压垮；另有几处路基的混合土中石灰含量达不到要求等。于是在 2008 年年底，就有相关社员就这些事情找合作社及其监督小组成员反映，并形成书面材料交到区农发局。迫使施工暂时停止，直到符合质量要求时才重新施工。

农户自发形成的综合性合作组织，实际上已经在自身长期的发展中支付了前期的组织成本。因而可以在对接政府的农田综合整治项目时，极大地节约与工程所涉农户间的协调成本；同时，由于广大社员的参与而有效地保证了工程的施工质量。当然，在这个过程中，监督小组在前期的监督不力也暴露出了合作社内部的问题，合作社也得以借此机会解决问题。从而在这个过程中实现了项目有效实施和合作社自身改进的相互促进。对此，下文将详述。

此外，除了招标确定的工程单位，合作社实际也参与了该项目的施工，共建13座涵洞，项目资金7万元，合作社节余了11000元左右。

从客观上看，这些外部资源支持的社区建设，在这个综合性的网络组织发展初期，起到了转移矛盾焦点、维系组织的作用。

第三节 经济合作的探索

在对接外部资源的同时，合作社也一直在探索经济领域的合作。在赴外学习的过程中，协会的骨干们了解了合作社的概念，讨论酝酿后，便以老年协会和文艺队为基础，于2004年3月成立了"平原乡兴农合作社"，并于2007年《中华人民共和国农民专业合作社法》颁布后进行了正式的注册，成为当地第一家农民专业合作社。合作社成立后，他们在多个领域进行了经济合作的尝试。其中，一些尝试遭遇了失败，也有一些领域已经取得经济效益，至今已经持续运营多年。更多的是随着国家惠农政策的深入，以及经济社会发展带来的市场需求变化，而不断地做着适应性的调整。

一、农资联合购销——服务群众得多助

农资联合购销是合作社成立后最先尝试的经营性业务。当时开展

联合购销主要基于两点考虑：一是当地农户购买化肥时常常会遇到假冒伪劣产品和商贩抬价的情况；二是相对于农业生产合作，农资购销资金回转的周期更短，更易见效。

农资购销业务由合作社专门成立的农资部负责。农资部日常工作由1名部长和3位其他成员承担，他们主要负责农资的联合采购。下面设立了5个分销店负责销售，其中3个在本乡、2个在外乡镇，这些分销店的负责人都是合作社的成员。

联合购销业务初期能顺利开展，除了合作社原有的影响力和组织保障外，也与市里相关部门的大力支持有关。合作社在开展联合购销业务时，得到了市物价局的很多支持。2003年时，当时的维权活动曾将制止农村乱收费作为主要的诉求。在一次反映义务教育乱收费的过程中，得到了市物价局局长的重视，协会骨干被聘为物价监督员。虽然，反映的问题并没有当即得到解决，但从此这个农民网络组织与物价局一直保持着联系。到合作社成立并开展农资统购统销时，物价局给予了大力的支持。除了当即捐给合作社5000元外，还向合作社做了农资购买价格建议，并安排局里的车带着合作社农资购销部的人员到各个农资销售部门联系统购。由于有了物价局的价格建议，合作社在向厂家采购农资议价时心里就更有底了，能够争取到最优惠的价格。此外，物价局还联系相关部门帮助合作社的农资做质量检验和鉴定。有了专业部门的鉴定书，加上价格优惠，使得合作社的农资很受当地农户的欢迎。

除物价局外，市工商局在合作社的经营中也给予了很大支持。2005年有人向工商局举报合作社骨干与当地一起重大的销售假冒商品案有关，工商局在查证后才发现是有人蓄意诽谤。本来是场误会，但由于工商局的执法人员在调查时行为比较简单粗暴，因此，合作社在一周后便组织了十几位骨干前往工商局"要说法"。工商局很认真地对待了合作社骨干的来访，同时也很认同合作社有理有节的维权方式。

于是，双方很"和气"地化解了此事。从此，合作社便与工商局保持了良好的联系。在合作社做农资购销时，由于与当地原有农资销售商形成了竞争，于是有人以"无照经营"为名又将合作社告到了工商局。但由于工商局对合作社了解较多，认为合作社确实是为当地农户服务的，便决定不予追查。并且承诺合作社经销化肥，在本市范围内不收营业税。当然，相关部门虽然对合作社都给予了实质的帮助，但鉴于合作社的维权历史和特殊性，因此当地对于合作社的发展不做公开报道。

由于联合购销的农资比当地其他渠道便宜，而且质量有保障，所以很快就得到了当地农户的认可，也吸引了大量社员入股。到 2006 年时，合作社共发放股金 536 股，每股 100 元，在 2005 年年底时第一次分红，每股分得 15.42 元。

农资部根据农户预订的量统一采购，资金由社员股金预支。由于股金有限，时常不够预支。在 2006 年《中华人民共和国农民专业合作社法》颁布前，合作社由于没有正式注册，不具备法人资格，难以向金融机构贷款。合作社就会向一些社员借款，后来合作社成立互助资金部后，也会从互助资金部借支。此外，农资部的负责人中，有一人是退休的乡信用社干部，一人是退休的小学校长，他们也会利用个人信用赊销一部分，来解决统购时本金不够的问题。

由于购买者都是本地熟人，所以农户预订时并不需要正式的程序，只需要和分销店打个电话即可，农资部根据各个分销店上报的量采购。预订的农资基本都能销完，但有时也会出现一些农户违约的情况。例如在 2005 年，其他小商贩为了争夺当地农资市场，承诺可以先使用后付钱，并免费将化肥送到农户家门口。结果一些已经在合作社预订的农户转而从这些小商贩处购买，致使合作社预购量和实销量有较大差额。好在临近村的村民知道合作社的化肥农药便宜，这些因为村民违约而剩余的农药化肥也顺利地销售了出去。而那些从小商贩处购买的农户在结账时被抬价。此后，这些吃了亏的农户便更加相信合作社了。

农资购销主要集中在春秋两季农忙时，到冬季农闲时，合作社也购销一些年货，一般能比市场价格低 10% 左右，很受当地人欢迎。

此外，合作社为了提高在当地的正面影响以及团结大多数人，对当地非社员的老干部、老党员、特困户等在购销农资时也给予社员一样的优惠待遇。

二、农业生产遇挫折

2004 年上半年，合作社开始尝试农业生产领域的合作。当时，合作社在参加北京某机构的培训时了解并接受了生态农业的理念，随后便派骨干外出学习生态农业技术。合作社当时决定开展有机种植出于两方面的考虑：一方面组织转型后有强烈的取得生产收益的现实需求，另一方面也带有示范并带动社员和其他农户开展有机种植、推广有机农业的目的。

合作社在 2005 年先用 1 亩地开始试验，让技术骨干自己摸索生产经验。到 2006 年，有机农业的规模已经扩大到 30 亩地，这些土地是由合作社利用股金租种流转而来。合作社又专门成立了有机农业部，一共有 9 名成员，主要工作是有机农业的生产、管理、销售，并组织全体社员参与集体劳动。主要种植当地常见的蔬菜，如萝卜、大白菜、蒜苗、豌豆等。

合作社种植的有机农产品并没有在相关机构进行认证，只是相关部门同意合作社自己印刷的"识别"标签，以表明这是合作社生产的有机产品。

合作社开展有机农产品生产也得到了市工商局的支持。工商局承诺合作社的有机蔬菜到市场上销售时不收税也不收摊位费，并协调菜市场帮助合作社去卖菜做宣传。

虽然有较好的组织基础，以及相关部门的支持，但合作社的有机农业探索并没有取得预期的收益。据合作社骨干自己总结，主要原因有如下几个方面。

首先是资金不够。合作社的资金主要来源于社员股金，而这个金额十分有限。特别是在购销农资的旺季时就难以抽出资金投入有机农业。

其次是市场信息不畅通，"想买的人找不到卖的人，想卖的人找不到买的人"。2006年时，合作社生产的有机萝卜由于错过销售的旺季，最后只卖到了3角/斤（旺季时1.3元/斤）。

再次是技术上的原因。骨干们学到的技术非常有限，只能种植当地一般的蔬菜，这些菜随处可见。而合作社开展有机种植，生产成本又比普通种植高出很多，跟当地一般生产者相比根本没有优势。

最后是有机消费市场的发育还不成熟。合作社过高地估计了当地的收入水平，虽然有些消费者知道有机蔬菜更健康安全，但是相比有机蔬菜高出几乎一倍的价格，往往还是选择消费一般蔬菜。

从合作社2005年1月至2006年8月的财务报表上看，有机农业领域一直处于亏损状态。最终，有机农业并没有维持多久，成为合作社在生产领域开展的一次没有取得预期收益的探索。

三、资金互助的起与伏

平原乡兴农合作社的资金互助部成立于2005年。开展资金互助合作，一方面是在外出学习时受到其他地方开展资金互助合作经验的启发和影响；另一方面也是基于自身的实际需求。

据资金互助部早期的一位负责人介绍，开展资金互助合作基于以下考虑：一是本地劳动力外出打工的收入大都存入银行，钱通过银行又贷到城市。而农村自身想贷款非常难，通过开展资金互助合作可以将本地农民的余款直接用于本地农民的生产生活需求。二是在信用社贷款的程序非常烦杂，而且很难贷到，有了资金互助合作后，成员通过简单的程序就能贷到款。三是缓解合作社发展过程中的资金短缺问题。四是当前的合作社不能无限扩大，在生产领域的投入短期也难以取得大的收益，所以更多的社员愿意尝试加入资金互助合作组。

合作社对资金互助部的定位是：在实现经济可持续的基础上，以服务本地农户资金需求为宗旨。资金互助属于合作社内的合作性金融，但独立核算。并抽调3名骨干成立了资金互助部，负责资金互助的业务。

2005年资金互助部采取固定股和流动股的形式吸收资本金。固定股每股200元，共有16户社员入股100股，总股本2万元。流动股实际是活期存款，存款利息不超过6个月的与银行利息相同，超过6个月的利息为3厘/月。当年流动股约在4万元左右。资金互助部资本金未贷出的部分全部存入当地银行。

资金互助部成立后，当年贷出资金4万元，剩余2万元存入银行。此后的几年内，合作社资金互助业务开展得并不充分。每年只有寥寥数笔业务，产生的收益十分有限。用合作社负责人的话说，"每年只有十几笔业务，也就是说只工作十几天就够了"。若不是骨干在综合性合作社其他业务部门交叉任职，这样经营状况的资金互助很难单独运营下去。

这种状况，直到2011年资金互助社重新发起资金合作时才发生改变。关于资金互助重新发起的原因，合作社内部分析认为：一是由于当地资金需求十分旺盛，当地地处平原，许多农村能人想在家搞大棚蔬菜、养鸡养牛、秸秆加工等，常常因为缺乏资金而举步维艰。二是当地农村资本富余但难以提供给农户。大部分资金都存入当地金融机构，但农户贷款十分困难。旺盛的需求和供给的不足，使得当地民间借贷利息达到2分/月以上。

在这种背景下，合作社于2011年7月重新发起了资金互助社，作为合作社的内置合作金融部门。重新发起时，原来的业务整体转入新发起的资金互助社，原来股本金都转入合作社股份（原资金互助部入股200元/股，合作社入股也是200元/股），原来的存款转入新社，原来的利润结余1万多元，其中3000元作为新社的办公经费，其余转入合作社公共积累。

专栏6-1：兴农合作社资金互助业务的制度设计

（1）资金互助集资

资格股。每股2000元，不设上限（2013年起改为3000元/股，20股封顶）。3年内不退股。入股者不论股金多少，"一人一票"参与资金互助的管理或监督。入股者有贷款或者担保贷款的资格。资格股除存款收益外，享受年终分红。

公共股。资金不设限制。政府、公益机构或个人入公共股，支持资金互助发展，监督但不参与管理。公共股收益用途双方商量决定。

流动股。资金不设限制。享受利息收益。

（2）资金互助管理

有专门的会计和出纳，办公室，清楚的管理制度。

流动股：年收益率4%（银行利率是3.25%）。

贷款：2名担保人，担保人需是资格股成员，年利率12%（银行利率是12%，银行收取10%贷款抵押金）。

操作中的实际利息及计息方式：

算利息时每个月按30天来算，折合到每天每月的利息。

贷款：

半年以下（$0 < t$ 年 < 7），月利息1.8%，折合1天的利息1.8%÷30＝0.06%；

半年以上（$7 \leq t$ 年 ≤ 12），月利息1.5%，折合1天的利息1.5%÷

$30 = 0.05\%$。

金额在 1 万元以上的 3 个月结一次利息。

流动股：

折合 1 天的利息：$3\% \div 12 \div 30 = 0.008333\%$。

6 个月以上（$6 \leqslant t < 12$），年利息为 4%，折合月利息：$4\% \div 12 = 0.333\%$；

折合 1 天的利息：$4\% \div 12 \div 30 = 0.011111\%$。

6—12 个月（$t = 12$），年利息为 6%，折合月利息：$6\% \div 12 = 0.5\%$；

折合 1 天的利息：$6\% \div 12 \div 30 = 0.01666\%$。

上学、生病等非生产性贷款，贷款人提出专门申请，视情况可享受贷款利率优惠。

（3）资金互助收益分配

资格股成员民主商定，毛利润（贷款收益－存款收益）分配方案如下：

20% 合作社公共经费，支持合作社的运营；

50% 资格股按股金比例分红；

20% 资金互助管理人员补贴；

10% 公积金，滚动发展。

作为合作社的内置金融部门，资金互助业务严格限定在合作社社员之间。

（此处列示的是 2012 年订立的制度，随着业务增长，分配方案后来有新的变化，目前是 60% 按资格股股金分红，10% 作为管理人员工资开支，其他部分不变。）

资料来源：作者在合作社实地调研获得。

专栏6－2：兴农合作社资金互助业务的制度设计

贷款风险控制措施：

首先借款人要夫妻一块去贷款（60岁以上要全家同意），还要提交借款申请和信息表，并且有合作社认可的担保人。

担保。贷款发放主要是靠担保。担保人通常是股东，一来信誉可靠，二来其股本也可抵押。股东愿意提供担保的原因，主要是为了提高整体业务收益，可以拿更多的分红。

信息的获取。合作社社会公益部门家访，每月开会，资金互助小组成员对借款人及其邻居进行采访。

"贷款审核小组"。实际运行中，理事会就是审核小组，其中四万元以上的贷款会专门调查其产业、种类、风险的情况，小于四万元一般不专门调查。

欠款追偿：前期主要靠打电话催收，只要按时结息，就不会打电话。超期半年不结息，就动用法律追偿。超期之后的月利率提高到1.8％。若借款的时间没超过，只要一直保持联系，20—30天后再结息也可以。

合作社利用股东股金做足额抵押的方式，将组织的风险分散到了个人身上，而个人担保又建立在熟人关系基础上，因此可以一定程度上化解缺乏抵押品和信息不对称的问题。

同时，合作社也充分利用了农村人死账不乱的传统关联，以及社区的舆论压力，来保障还款。如下面两例。

例一，2014年某位借款人去世，其父在收拾遗物时发现借条，将3万元账目还清。

例二，2018年一位借款者不愿还钱，警察上门，试图逃跑，被全村围观。后怕遭人议论影响儿子结婚，还清欠款。

尽管合作社资金互助充分利用制度和社区文化来对风险加以防控，但仍会受到无法控制的产业经营风险因素的影响。

在目前出现的几笔坏账中，其中最大的一笔款额60多万元，借款者投资失利，面临违约风险较大。好在有价值80万元的楼房和土地作为抵押。

资料来源：作者在合作社实地调研获得。

总体来看，重组后的资金互助业务获得了快速的发展。目前，共53人持有原始股，入股资金218万元；养老股入股老人近300人，每人入股最高额2万元，总股金440万元，年分红10%；流动股1000万元左右。从经营来看，2018年借款72笔，总额1559万元；还款82笔，总额约1268万元；结息435笔，总额254万元；纯利108万元，其中分红65万元，上交合作社21万元，公积金11万元，工资补贴11万元。平均每股每月分红66.77元。

从额度来看，资金互助业务已经成为兴农合作社内部最重要的业务板块。其内部风险防控值得关注。

四、生态养殖再振兴

由于合作社以往几个经济合作项目的实施都不理想，骨干们开始思考新的适合于本地的项目，其中一位骨干提出可以做酿酒项目。这位骨干提出酿酒，一方面是因为他年轻时曾在酒厂做了三十多年，而且本地以前也有小酒坊，懂技术的师父都还在；另一方面，小酒坊的投入资金少，容易操作。

这个思路很快就得到了一部分社员的响应。但面临的一个问题是，烟酒经营都需要国家的专营许可。为了不违背相关的政策法律，经过讨论后形成了一个发展生态循环农业项目的方案，即结合当地的条件，以生态高粱为原料酿酒，所得到的酒糟作为主产品供应给当地的养殖场和社员开展生态养殖，酒作为副产品用作折抵合作社社员的内部分红及福利分配。

于是2010年合作社开始着手上马种植养殖生态循环项目。合作社社员自由入股，每股1000元。共募集60股，总股金6万元。随着生产的扩大，这些股金远远不够日常运转支出。资金缺额平时都从合作社的资金互助部借贷，最后以产品折抵利息，资金互助部再以酒作为部分分红或社员福利分配给社员。

此外，产出的酒由于质量较好，在社员红白喜事或逢年遇节请客送礼时很受欢迎。但酒的销售严格限定于合作社社员，且大部分通过合作社总账以实物互相抵补。

对于利润分红，50%用于股东分红，20%作为公益积累上缴合作社积累，20%作为管理人员补贴（5个骨干），10%作为内部风险金。2010年分红时每股分红一箱酒；2011年老股每股分红两箱酒，新股每股分红一箱酒。到2012年，小酒坊的总投入已经累计达到17万元。产出的酒糟和酒的经营已经可以达到自我持续运转，并可以为合作社上缴公共积累。

在资金互助和种植养殖生态循环项目实现自我持续运营后，2011年合作社分红情况为：除了各项目内部的按股金分红和按交易量返还外；对于所有合作社社员中涉及基本业务的，另给予30元/股的分红（合作社入股标准为200元/股。原计划按照交易额，但统计十分困难，所以后来采取只要有交易业务，就按30元/股分红）；如果入股后未参与合作社基本业务的，按照银行利息支付。

后来，由于厂房到期有其他人接手，加上业务规模客观上受到限制，酿酒项目逐渐停止。但随着社会消费观念升级，以及国家对生态农业的倡导，生态种植养殖循环的思路获得了新的发展。在以前循环养殖的基础上，发展出了对接城乡的"养猪大学"项目。

所谓"养猪大学"，实际上是合作社利用资金互助向农民发放贷款，提供养猪资金，农民按照合作社标准开展生态化的发酵床养殖，然后合作社按照高于市场的价格回收发酵床养殖的猪（参照市场价格，比如毛猪肉卖到 13 元/斤或 14 元/斤，合作社的猪肉就卖到 15 元/斤。同时借款金额不一样价格也会有差别，借款 2 万元以内收购价是 15 元/斤，2 万以上就是 13 元/斤或 14 元/斤）。

"养猪大学"设有四个部门：金融、技术、营造（猪舍）、销售。核心的设计思路：一是秸秆发酵、生态养殖；二是资金封闭、借钱还猪；三是与市民合作、对接城乡。"养猪大学"目前发展势头较好，除了受 2019 年猪肉价格大幅上涨，猪瘟引起消费者心理恐慌这些突发因素的影响外，也有其一般性的原因：社员缺资金缺技术，也不了解市场信息，合作社恰恰可以利用其优势解决这些问题。现在合作社既有资金（内部资金互助业务），又有技术支持，也有市场（合作社经过十几年的发展在当地已经形成了较大的影响力），也解决了农村秸秆焚烧的问题、养猪存在的环保问题，同时也给市场供应了好的猪肉。养殖行业历来是高波动、高风险的领域，"养猪大学"的设计目前看有利于克服这些问题，但仍须在实践中观察。

回顾平原乡兴农合作社近二十年的发展历程，这个以老人为主体的社区网络组织，从基层干群矛盾突出时期的维权活动，到当前致力于村庄综合发展的综合性网络组织，再到新时期的发展转型探索。其发展历程，部分折射出了当代中国农村基层社会经济的变迁历史，也在当地留守群体的心中树起了一座"合作的丰碑"。

第七章 "社区＋社会企业"型网络组织：果乡果品协会案例

果乡果品协会，是一个由乡村妇女群体发展起来的综合性的带有社会企业特性的农村经济组织，协会社员分布在当地的两个乡镇中。经过二十余年的发展，服务经营的领域涵盖了农村经济、农民社会生活的诸多方面，地域范围涉及 2 个乡镇的 35 个村，近 90 个村民小组，共 3865 户。协会在二十年的发展历程中，挤走了压价抬价的不良商贩，应对了与外部各种资本的复杂竞争与合作；在探索构建和谐的农村市场经济的同时，将合作扩展到乡村培训、社区文化、养老抚幼等社区公益领域的诸多方面，且实现了经济上的可持续。

需要说明的是，这个合作组织的自我称谓在国家相关政策法律体系演变的背景下做了几次适应性修改，在当地先后形成了"农民协会"、"果品协会"和"社区"这几个最主要的自我称谓。本书为了论述方便，也为了更加贴近当地的真实实践，在这里也沿袭这些称谓，文中"协会"和"社区"的称谓无特别说明的情况下均指这个综合性跨区域的带有社会企业性质的社区网络组织。

第一节 果乡果品协会的前期基础

一、农资统购中合作起步

果乡果品协会最初起源于蒲州小寨村的一个农资销售与农技服务

网络。20 世纪 90 年代中后期，果乡小寨村村民兰心老师夫妇二人经营着一家农资店。① 兰心原本是村里学校的教师，业余时间经营着这个小农资店，一年有几千元的收入。一次偶然的经历促成了最初的农技服务网络的形成。

专栏7−1：果乡社区网络组织早期从农资统购中起步

1998 年，有一次一个供货商联系兰心老师，说想从省里某高校请两位专家到村子里为村民做关于农资知识方面的报告。当时村里农民对科学有效使用化肥的知识比较缺乏，农户因化肥用量不当，以及农药使用不当而造成严重损失的情况时有发生。供货商的这一提议正好迎合了这一需求，兰心老师便欣然答应，并积极地开始张罗。但后来才发现供货商提出这一建议的主要目的是为了推销自己的产品。兰心老师就跟供货商商量说能不能少做广告多讲些农业知识，但供货商不答应，说花这么多钱请老师来就是为了介绍产品的。性子本来就倔强的兰心老师干脆一咬牙自己就把请老师的费用给出了。由于前面发动工作做得比较充分，培训会上一下子来了400 多位村民。不料想这次培训效果特别好，到中午吃饭时间村民们仍津津有味地听着，她索性又掏钱为大家买来方便面、面包和水等食物，简单吃过后，下午继续讲课。培训在黄河滩上凛冽的寒风中从上午9 点一直持续到下午5 点，结束以后很多村民都问什么时候再举办这样的培训。看到村民们对农技知识的饥渴需求，兰心老师便产生了将培训持续下去的念头。

起初，举办这些培训的费用都由农资店支付，这是一笔不小的开支。但同时，意外的收获开始到来。举办了几次培训后，农资店的名声也在附近的村子里传开了，村民们都知道这里有个自己掏腰包给大

---

① 合作社的发起人被人习惯性地称为兰心老师，这里叙事时也使用这一称呼。一来符合实际情况；二来也符合对真实人名要做学术处理的惯例。

家办农业知识讲座的人。于是也都爱到这里来买东西，第二年农资店一下子就挣了六万多元钱。于是，这种农技培训便慢慢固定下来，并且随着农资店在附近村庄开设分店，培训点也扩展到这些村庄。逐渐形成以小寨村农资店为中心，在周围18个村中以6个分店和80户技术培训联系户为纽带的"科教兴农互联网"。每个分店配一个小教室，与农业局长期合作给农民做技术培训。在两年内共组织过果树、芦笋、玉米、棉花、养鱼等各类免费技术培训12场，培训人数达到5000人次。

随着农资店与农户的联系日益紧密，农资统购统销网络便顺势形成了，农资店以农户入股的股金向厂家预付货款，得到的优惠又作为分红返还给农户。当时相关主管部门对农药经营的控制严格，登记比较困难，2000年农资店的登记由个人转为"集体"，性质转为"全民"，原有农资店资产作价9万元成为这个"集体所有企业"中的不分配固定公益股，再由市农业局出面担当其主管单位，挂靠在农业局下属的果桑服务公司下，取得了农药经营执照。

资料来源：作者根据访谈记录整理。

这样，一个松散的以农资购销和农技服务为核心业务的互助合作性的网络逐渐形成了，初步实现了购销盈利和生产服务之间的良性循环。

除此之外，农资购销合作的成功促使大家又开始尝试一个合作养鸡的项目。这个项目与市里一家公司合作，采取"龙头企业＋农户"的模式运作。因为农资销售网络的成功，加上兰心老师拥有良好的个人信用，便由其为30户养鸡户做担保从信用社贷款。

二、社区文化活动成为联系纽带

随着农资购销的兴旺和养鸡项目的开展，小寨村的合作似乎进入了一个小高潮。但是，初兴的合作很快就遭受了严重的打击：一是2001年，当地芦笋的市场收购价格滑入低谷，农资店赊给参加技术培训的农民的13万元农资款无法收回，使得农资店的资金运转立即遇到了困难；二是农技服务课单一灌输讲授形式的长期举办，农户也听腻了，失去了最初的兴趣，参与的人越来越少；三是贷款养鸡项目此时也因市场波动遭到失败，合作的公司停止收购，风险损失转嫁给了养鸡户，遭受损失的养鸡户根本无力偿还贷款，兰心老师作为担保人还要承担偿还贷款的责任。这种种困难使得发起者和这个松散的合作网络都遭受了几乎覆灭的重大打击。

直到后来，几个妇女无意间发起的广场舞活动使小寨村的合作又重燃起来。

> 2001年7月，兰心老师和几位妇女在看电视时，受到启发萌生了组织村里的姐妹们跳广场舞的想法。随后，兰心老师通过妇联找来了老师，教大家跳健身秧歌和交谊舞。很快，参加的人越来越多，到了冬天农闲的时候，大部分妇女都加入进来。一些邻村的妇女也被吸引过来。

这种简单易学便于大众参与的文化活动，使得原本沉寂的小寨村一下子热闹起来。村民们空闲时间也开始走出自家的院子，聚到一起。在这个过程中，村民之间的联系渐渐增加，用其中一位文艺骨干的话说，"我们起初就是先见面交个朋友，以前不同两个村民小组的新媳妇互相都不认识，在一起跳跳舞、聊聊天说起这是谁家的媳妇，就认识了"。

同时，在这种公共生活的空间里，一种良性的社区舆论氛围也开始形成。

> 妇女们在跳舞休息的时候经常会聊起各家的家务，一些婆媳关系不好经常吵架的就会被大家拿出来议论；而有些婆媳关系好

的，往往还会一同参加跳舞活动，也会得到大家的积极评价。时间久了，议论的话题延伸到家庭生活和社区事务的方方面面。虽然以前大家偶然也议论这些，但是没有像现在这样人多的公共场合；而且那时候也不怕别人说，现在大家跳舞的时候都要表现自己好的一面，再听到别人议论自己就不好意思了……

后来，大家还把社区里一些不好的习惯和行为编成小品在节庆活动时演出，更直接对这些行为形成舆论压力。

资料来源：作者根据访谈记录整理。

渐渐地，在跳舞的过程中，参与跳舞的妇女们还得到了自我组织活动的初步锻炼，并且在这些活动中，彼此间的协作日益加强，集体行动力也初步体现出来。

专栏7-2：读书学习活动中的凝聚力

时间长了后，跳舞的人多了，大家就觉得只跳舞也没有意思，于是就把参加跳舞的人按照居住的巷道分成九个小组（小寨村的村民居住区共分为三个村民小组、九条巷道），每个小组选一个组长组织自己巷道内的人来跳舞，每天晚上比赛谁跳得好，对于大家评出的优秀组成员，奖励一朵小红花。一次因为比赛还引发了一件"跳舞事件"，因为大家太较真了，有两个组觉得评判不公，相互不服，渐渐开始互相议论，形成了纠纷。对这件事情，几位文艺活动骨干思考讨论了很久，觉得光让大家跳舞图个热闹还不行，得让大家懂道理、长见识，但是如何才能做到呢？

当时她们正巧从电视里看到大学生辩论赛，于是便产生了一个想法，"话不说不清，理不辩不明"，把一些道理变成话题让大家展开辩论吧！经过大家商量后，她们选取了身边息息相关的一些事情作为题目，比如婆媳关系不好，婆婆责任大还是媳妇责任大？生男好，还是生女好？妇女是要融入市场经济大潮还是做贤妻良母？

一开始，辩论的时候总会吵得不可开交，但也使大家渐渐感觉到自己知识水平不够了。看到电视里大学生们辩论时滔滔不绝，但轮到自己道理就在嘴边却说不出口。于是，小寨村的妇女们又开始商议组织起来学习，提高自己的知识水平。几位积极分子还把自家的屋子腾出来免费给大家当学习教室。

参加学习的妇女分成几个小组，每天晚上干完家里活后便集中到一起读书讨论，最初讨论的话题从天下大事到身边琐事，十分宽泛。经过不断总结经验后，课程变得越来越规范，形成了几项常规的内容：家庭教育讨论，政策法规学习，生产技术交流等。为了使学习氛围活泼不枯燥，还设计了一些趣味活动，比如讲笑话和猜谜语等。

资料来源：作者根据访谈记录整理。

小寨村的妇女文化活动渐渐在周围都小有名气了，并依靠以前农资购销中形成的关系网络，逐渐带动周边几个村庄也参与进来。2002年三八妇女节，在市妇联的支持下，妇女文艺骨干们组织了500余名妇女前往市里表演秧歌；2003年春节期间，又组织了近1000名妇女到市里汇报表演，早上出发步行，下午三点到达开始表演，没有一个人掉队，大家的情绪都十分高涨。

妇女们的跳舞和读书学习活动，渐渐地也吸引了一些周围的年轻小伙子和老年人加入进来，又形成了青年人的筷子舞、秧歌队，老年人的秧歌队等几个方队。

三、成立"妇女协会"

随着跳舞和学习活动如火如荼地推进，一个妇女为主体的合作组织实际已初具雏形，原来农资店和文艺活动的骨干，渐渐成长为合作组织的骨干。对于这个组织的名称，在当地妇联的指导下，从最初的

"妇女俱乐部"改名为"妇女文化活动中心"，最后又换称为"妇女协会"。

而在活动的过程中，大家渐渐又提出了一个新的问题，觉得"总是跳舞不行，我们得做点什么"，再者"天天学习，总得学出些成果来吧"。就在此时，一个新的机遇出现了，并促使小寨村参与跳舞和学习活动的妇女们形成了一个更有"实战性"的自我组织——"村建理事会"。

四、社区建设凝聚人心

因为小寨村的妇女文化活动已经获得了当地妇联的关注和认可，2003年年底，主要发起者之一兰心老师被市妇联推荐到北京参加一家公益组织N机构举办的研修班，在会上结识了一批从事乡村发展工作的实践者，首次有了"社区"建设的概念，并了解到全国许多其他乡村的实践经验。这对其产生了很大的影响，用她自己的话说，"彻底开了眼，身上都觉得有劲了"。

回到家乡后，兰心老师将了解到的社区建设的一些理念详细做了分享，大家听了都很振奋，觉得以后不能只是指望政府，而是要自己行动起来，用双手改变自己居住、生活的社区。由于跳舞和学习活动已经培育起来的行动能力，很快，她们便以居住的7个巷道为单位，每个巷道推举出了4位有公益心的代表，由这28位代表组成小寨村村建理事会。

在小寨村，由于村"两委"间关系长期不和，致使村里派系斗争严重，"那些参选村主任的，谁都不能让大家服气，所以干脆选不出来"，久而久之造成村委会实际的瘫痪，村里公共事务难以有效提供。在这种治理状况下，村民的公共行为也很难约束。村庄道路一到雨天就泥泞不堪，巷道垃圾到处乱扔，卫生十分差。

理事会成立后，针对这种情况，认为社区的头等大事就是让环境好起来，于是决定要依靠村民自己的力量完成全村的道路硬化和修排水渠。

为了充分发动村民们参与，理事会印了传单挨家挨户地宣传，向大家说明修路是对大家都有好处的事，一定要大家共同参与才能成功，使大家受益。最后，绝大多数村民都被动员起来了，每家分片包干，负责自家门前的路，而入村出村的路口，由村建理事和一些热心的文化活动骨干来共同完成。而修路基本的材料费用支出则由理事会发动集资，兰心老师个人也凑了一部分。

修路过程中，一开始也有几户人家不愿意出力，大家就一起到他们家门前去帮忙，最后他们自己都感到不好意思，便参与进来了。路渠修好后，大家士气高涨，便一鼓作气又在村子前面的荒地上平整出了一个篮球场。

就这样，前后花了七十多天的时间，历届村"两委"都没有解决、令所有村民都感到头疼的问题，被这个妇女们自发组织起来的村建理事会解决了，而且总花费加起来只有 3 万多元。据说，后来她们听到附近一个村子的人说他们村委会请人来修路，一共花了 14 万多元，这让她们更加感到自豪了。

路修好后，理事会继续着手整治村里的卫生。为了解决垃圾随处倒放的问题，她们发动老年人组建了一支义务卫生监督队，对乱倒垃圾的行为进行监督。发现后，由理事会发动舆论谴责改正，取得了很好的效果。

此前，小寨村的妇女文化活动早已经扩散到附近的数十个村庄，而这次成功的村庄整治更让其他村的人十分羡慕，许多人提出想更多地参与到小寨村村建理事会的活动中来。这对理事会来说是件好事，但也面临着一个问题：如果活动涉及这么多村庄，以小寨村村建理事会的名义开展就不合适了，所谓"名不正则言不顺"。而且，在跳舞以外的其他活动中，也有很多男性加入，再叫"妇女协会"也不合适了。于是，妇女文化活动中的积极分子，以及先前农技服务网络中的老骨干们，凑在一起几经商议，最后决定以原来的农资购销网络和妇女活动网络中有稳定联系的农户为基础，组建一个综合性的协会。2004 年 6 月 7 日，在市领导的支持下，在县民政局顺利注册了"果乡果品协会"。

至此，这个在农资购销和妇女文化活动基础上发展而来的具有 3865 户稳定会员的、综合性的农民合作组织成立了。有了这个合法的组织实体，日后开展工作就更加方便了。后来，在反复的琢磨和碰撞之后，各种项目实体逐渐成长起来。

第二节 协会在经营领域的探索

一、早期经营项目遭受的挫折

2004 年，注册不久的果乡果品协会（以下简称"协会"），在一系列的赴外地机构及乡村示范点培训学习和参观交流的过程中，逐渐接触了经济合作和生态农业的理念。随即，在原来文化活动的基础上，开展文化合作、经济合作，并且注重生态环境的合作思路逐渐确立下来。在不到两年的时间里，以协会原有的组织为基础，发展出 6 个合作组织。其中，4 个为经济合作组织，均采用入股合作的方式，分别为：农资购销合作社、生态园、涂料厂、手工蒸馍坊；2 个为文化合作组织，分别为：民间手工艺板块、妇女活动中心。其中，经济合作领域中只有农资购销合作业务较快地实现了盈利和自我持续。

（一）农资购销合作

农资购销合作社即农资连锁店，包括 4 个连锁店和 1 个加盟店。前面已经介绍，在 2001 年时曾因芦笋价格下滑，赊销给农户的化肥款收回困难，而使农资店的运营一度陷入困境，后来通过向信用社贷款才维持下来。在 2002 年，农资店便开始尝试一种新的经营方式：向 20 户关系好的农户每户借款 2000 元，年底按照盈利情况对这些农户进行了分红。后来，发现这种方式既能减轻农资店的现金压力，也可以将农户的闲钱集中起来，给农户以分红。到 2003 年，便公开以入股的方式向农资店过去的顾客推广。但这件事被人以"非法集资"为由揭发。虽然，这件事情最后得到了解决，没有什么实际的损失，但这对协会后期在农村开展金融方面的探索产生了长远的影响。后文将详述。

那时，协会实际已经有了购销合作的初步探索。到 2004 年接触到合作社的相关知识后，便进一步从制度上规范了这个统购统销的合作板块。农户按照所经营土地面积入股，合作社既可以直接从厂家进货省去中间环节费用，还可以用股金预付货款获得厂家额外返利。所产生的利润按比例提取社区公益金后，剩余利润用作股金分红及按交易量实行返还。

由于当地大面积种植果树，化肥农药需用量很大，这种联合购销的合作马上便显示出极大的优势，很快便发展出一个稳定的社员群体，入股社员约 900 户。

后来，随着协会其他业务的拓展，农资店又产生出一块新的利润来源。即对农户的分红不采用现金支付的方式，而是实物返还。这主要通过协会另外一个业务部门来操作，协会的工作人员会定期入户调查，同时会对会员的日常需用消费品进行统计，然后统一采购，分送到农户手中，以实物折抵分红，计价时相对市场上的销售价格有一定优惠。对农户而言，一方面，可以低价获得生活所需品，另一方面，统一采购有稳定可靠货源，避免受假冒伪劣商品之害；而对协会而言，不用现金支付减轻了财务压力，同时统购生活用品也是新的利润来源。

农资购销合作成为协会最早运作成功的合作项目，也是最稳定的收益来源之一。

（二）生态园项目

在 2005 年成立的其他三个经济合作组织——生态园、涂料厂和手工蒸馍坊很快都以失败告终，成为这个农民合作组织发展历程中的又一次重大教训。

在 2005 年，协会组织原来小寨村村建理事会的 5 名骨干先后参观考察了南街村和成都郊区的一个生态农业示范点。回村经过讨论后，便决定借鉴相关经验，开展一个经济发展项目，即生态园建设项目。

项目采取以土地入股的方式，全村绝大部分的农户都参与了入股，一共集中了 870 亩土地来建立生态园。生态园建好后分为三个小组，分别采取两种模式管理：两个小组采取集中管理，组织入股的农户参与劳动生产；另一个小组是建好后由原来的农户自己管理。生态园及园中的道路桥梁都按照生态旅游的形式设计，并先后组织人员前往几个高校看选树苗，2006 年便开始基建及栽种树木。

但问题很快就暴露出来：第一个问题是土地集中起来后管理难度太大，农户把土地入股后就等着分红，而不是真正地去打理这里的生产了。

据两位参与者回忆：

专栏 7-3：集中生产的问题

我记得这个村只有几十户没有入股，大家都有土地入股，这都是大家的口粮田。第一年我们干的时候，大家在地里都唱着歌，义务投入劳动，随着后面一些投入，比如采摘棉花的人工投入大的时候，大家就开始慢慢没有那么卖力了。到第二年的时候，大家的想法就变了，觉得不是自己的土地了，自己只是在这里工作。发现有很多小事情，本来是一天可以完成的，有时候几天都干不完，有人偷懒……

到了2006年就发现管理跟不上了，那时主要是由种庄稼能手来做，每个人管一种作物。可是大家没有想到的是，他们家里还有很多地，他如果兼顾了这里，家里那块就兼顾不到，太耗精力了……

资料来源：作者根据访谈记录整理。

第二个问题是当初签订的合同是三年见效益后分红，但村民当年就想分红。第三个问题是基础设施建设投入太大，后续资金不足。加之，新建的生态园要吸引消费群体和开拓产品市场也需要周期，短期内很难收效。这一系列的矛盾和困难又引起了主要负责人之间的矛盾。许多人渐渐开始对这种合作模式产生怀疑。

到2007年下半年，生态园项目实在难以继续维持了，经过反复的讨论商议后，最后决定将土地分回给个人，协会只负责技术和市场。从那以后，协会便确立了一个原则，即农户的土地绝对不能动，不能简单合并。

（三）涂料厂和手工蒸馍坊

涂料厂建设是2005年发起的另一个未能取得成功的合作项目。涂料厂采用会员入股的方式，每户500元，但对单户入股总量进行限制，防止出现少数大户控制。同时，协会决定由集体出资金，赠送村里12户有智障、残疾，以及特困户每户一股。这虽然引起了一些争议，但最后还是执行了。

涂料厂上马后，第一批产品出来就发现质量不过关。于是，协会选派了10名技术员去北京接受培训，但短期内难以根本解决。涂料生产毕竟是一个新的工业项目，对于村民来说，无论是技术、市场，还是工厂管理都比较陌生。所以，经营过程中种种问题都暴露出来，一直没有盈利。最后，不得不关门告终。

手工蒸馍坊的尝试过程与涂料厂类似，也是采用入股的方式。虽然技术简单，但销路并不好。再加上工厂化生产以后，人员劳动力成本都开始显露出来，与不计劳动成本的家庭小作坊相比毫无优势可言。于是上马后，很快便以失败告终。

这些失败的经历，对协会在小寨村的工作产生了很大影响，一些因此而退出的村民对协会至今仍存有怨言，在访谈中谈起协会时言语中透露出极大的不信任。

二、成立"红娘手工艺合作社"

在经历了土地集中经营、涂料厂、手工蒸馍坊等几个经济项目的失败后，果乡农民协会开始调整经济合作的领域和形式，逐渐发展成为一个由 5 个经营性部门、6 个文化及公益部门，以及专门的财务、后勤部门构成的综合性农民合作社，并在新的条件下逐渐取得了稳定的收益。红娘手工艺合作社便是其中的一个经营部门。

早在文化活动中发育起来的传统工艺文化兴趣小组，在协会成立后的第二年，因协会骨干前往北京参加公益组织学习交流时，带回了第一个"订单"，这个兴趣小组逐渐开始了手工艺品加工的合作尝试。

专栏7-4：红娘手工艺合作社的质量管理

手工艺合作社的一位骨干回忆：订单带回后，大家看了样品，认为难度不大，都跃跃欲试，便把200个左右的订单接了下来。第一次接单，自然都很兴奋，每天8点前就开始上班，那时候是冬天天还没有亮，有时候晚上9点才回家。大家自己规定不能迟到一分钟。没过多久做完了，很轻松，觉得肯定没有问题。但拿到负责人那里一看，说不合格。大家心里还不服气，最后拿尺子一量，大小和样品不一样，拉链拉开后也不平，里面只有几十个合格。家里人也都反对，劝我们能做就做。但我们都暗自较劲，讨论了一下如何修改，过了两天，终于做完了。再拿给负责人看，说可以了。从那个时候起，我们就提出了一个口号：喜欢听批评不喜欢听表扬。因为老是说好，就没法改进，你说缺点，我们还可以改进一下。

资料来源：作者根据访谈记录整理。

第一次的成功给了大家很大的信心，并逐渐吸引了附近许多村庄的妇女加入进来。到 2005 年年底时，逐渐形成了纺织组、织布组、缝纫组、绣花组 4 个小组。共有 200 户社员入股，在对内部制度加以规范和完善后，手工艺加工项目逐渐形成了红娘手工艺合作社。

手工艺合作社早期的产品主要由北京的两家公益组织帮忙代销，以及放在附近的旅游点销售。但市场状况并不好，也没有产生盈利，需要靠农资购销合作上缴的利润来帮助维持。直到 2006 年，香港一个推动公平贸易的公益机构到这里参观后，决定与他们合作，尝试往香港销售。结果，这里的手工艺产品在香港市场十分受欢迎，使合作社有了稳定可观的订单来源，并逐渐开始具有盈利能力。随着内地消费群体的成长，这里生产的手工艺品和土布用品在当地也开始走俏。但合作社考虑到从事生产的有很多老人，接太多单会使他们的工作强度太大，不利于老人的健康；另一方面，合作社的另一个目的是发掘和保护本地的民间手工艺，若订单太多，会挤占年轻成员们向老人们学习的时间。于是，除了保证香港的订单外，一直控制其他地方订单的量。

目前，红娘手工艺合作社租有一个办公地点，正式工作人员 14 人，采取薪酬制；外围还有 190 多位成员，在自家操作着不同环节的工作，共 50 多台织布机、100 多台纺线设备、40 多台缝纫机分散在成员家中，按订单量分配下去，报酬采取计件制。这些分散的成员，只有忙时才会动员起来，平时的小订单主要由 14 名正式工作人员完成。手工艺合作刨除内部生产成本和分红外，纯利润 30% 左右上缴协会作为社区公益基金，2011 年达 20 多万元；按照手工艺合作社的制度设计，其余利润则按照股金和参与完成订单的交易量返还给社员。

由于当时国家对于农民合作经营行为尚未出台正式法律制度，所以这两个合作部门都不叫合作社，手工艺合作社当时称为手工艺板块，直到 2007 年《中华人民共和国农民专业合作社法》出台，才于 2008 年正式更名为红娘手工艺合作社，而农资购销领域里农资店的称谓一直延续至今。

三、经营方向调整与制度创新尝试

在土地集中经营项目失败后，仍然坚持下来的骨干们开始反思，一是在把农户组织起来合作时如何把握统和分的度；二是如何解决管理中的问题。但是已有的经验也使得她们将推动合作和发展生态环保农业的思路坚持了下来，并在这种坚持中迎来了新的机遇，逐渐探索新的方式，将合作推向社区的生产和消费领域。

1. 生产领域的合作方向调整：有机合作联合社

生态园项目一开始的设计中，就包含有两种合作模式：一种是统一经营；一种是农户自己经营。在统一经营中暴露出诸多问题的同时，分户经营的小组经营状况比较正常。项目骨干经过反复讨论，最终决定把土地都重新分给农户，而协会只提供技术和市场销售服务。恰赶上 2008 年因为引入外地品种不当而引起的大面积病虫害，导致大部分的芦笋种植死亡，农户对技术服务的需求很强烈，也促使协会坚定了推广有机种植的思路；而当时协会统一购销业务也进展得不错。

于是，这种形式便很快就借助协会已有的合作组织基础在附近的

43 个村庄推广。最终形成"一分五统"的合作模式，即社员分户独立经营，协会统一土壤检测用肥、统一预防用药、统一选种、统一技术培训、统一达标。

同时，为了推广有机作物种植，协会租种了 40 亩土地，取名为"青年农场"。起初，青年农场的主要作用是作为有机作物品种的引种试验基地，试验 3—5 年技术稳定后，向周围推广。后来，青年农场的一部分土地交由一些青年骨干承包耕种，每人一亩地，收益归耕种者所有；另一部分土地由合作社固定工作人员耕种，收益全部上缴到合作社，统一分配使用。

在这个时期，在特殊背景下"农民协会"的称谓更改为"果品协会"。而随着 2007 年 1 月 1 日《中华人民共和国农民专业合作社法》的出台，专业合作社成为农户开展经济合作的唯一合法注册形式。于是到 2008 年，协会便以已有的组织和网络为基础，组织 43 个村庄内所服务的农户，以当地的作物品种划分注册了 28 个专业合作社。以这些专业合作社为基础，又成立了一个有机合作联社。后来又有以另外 20 种作物为名的 20 个没有经过注册的专业合作社加入进来。这些合作社之所以没有注册，是因为他们看到当地其他农户也注册了很多专业合作社，其中有一些是为了从国家套取补贴和优惠政策，得到钱之后并不做合作社的业务，这种因外部注入利益引起内部分化和经营性质变化的倾向，对其他合作社产生了很不好的影响。为了防止这种情况蔓延到有机联合社内，除了已经注册的既成事实外，此后成立的合作社都不再做正式注册。所以出现了 40 多个合作社，有注册的也有未注册的情况。

有机合作联社成立后，主要的工作有两方面：一是通过前面所提及的对社员的"五统一"的服务推广有机种植。其中，前期的技术推广和中期的技术跟进是工作中的重点。协会在当地推广有机种植时，先在青年农场进行小范围选种试种，成熟后便有联合社的工作人员入户给农民进行技术讲解，鼓励和引导他们种植。对于接受有机种植的农户，工作人员会对他们进行定期的回访，搜集种植过程中出现的问题，然后反馈给联合社。再由联合社组织社员中的技术能手讨论寻找解决办法，之后由联合社的工作人员再入户讲解，并追踪实际效果。对于一些内部不能解决的难题，协会也会组织人到外地邀请专家解决。

联合社的另一项工作是有机农产品的收购和统销。这也是为社员带来直接收益的部分，在这个过程中，联合社的工作人员主要做自己服务区域的产品收购量信息，具体收购工作和对外销售则由协会另一工作部门——城乡互助中心来操作。

而为了能够做好这两方面的工作，农户信息采集成为他们日常工作的重点。

2. 制度创新的探索：城乡互动中心

城乡互动中心成立于2010年，同时对接城市社区和农村的社员两个消费群体。合作社将针对农村社员群体的消费业务称为"二次返利"，具体发展过程和运作模式如下。

在联合社工作人员做入户信息采集的过程中，发现农户对日常生产生活用品以及本地出产的农产品都有很大需求。而协会统购农产品，经常又有货车往返于城乡之间，顺便可以带回很多农户所需的生产生活用品，量大了以后可以到市场上统一批发，价格也便宜很多。这样，无论是本地农产品还是外地小商品，都可以很便利地向会员提供。于是，入户信息采集时就对社员家庭的这些需求进行了全面的登记。根据信息，以收购的农产品和从城市购进的日用品来折抵应给社员的分红。价格比一般的市场价格略低，而且质量有保障，因此很受社员的欢迎。

合作社将这种方式称为"二次返利"，即农产品统购和消费品统销中为社员提供的两次价格优惠。在这个过程中，协会不仅节约了大量的现金成本，而且统销中也会新增盈利空间。

城市社区的消费业务也是"偶然"拓展出来的。

合作社并没有有计划地向城市社区消费者群体拓展销售业务。起初，为了感谢一些无偿为社区提供技术培训的老师，协会将收购的一些生态农产品拉到城市送到这些老师的家中。很快，生态产品的口碑就在这些老师的熟人圈子中小范围传播，渐渐就有一些人主动提出购买的要求。协会再往城市送产品时也顺便接一些这样的订单，慢慢的订单越来越多，使协会发现这是一个新的有前景的业务领域。而事实上，由于协会骨干常年参与外界公益机构组织的培训学习和交流活动，对这种直接往城市社区中的消费群体拓展业务的模式并不陌生，他们知道早在 2005 年北京就出现了城市消费者组成的消费合作社直接与农村生产合作社对接的模式。

到这个时候，合作社便适时地新增了一个业务部门——城乡互动中心。起初，由于很多农产品在本地社员中已有很大销售量，所以城乡互动中心并没有急于向城市社区大规模拓展业务。城乡互动中心最初所接受的订单仅仅限于县城的 100 多户。到后来逐渐大规模扩展业务规模，通过 18 个设立在居民区的服务点，服务 5400 户的城市消费者，还会不定期地组织各种消费者参与活动。

由于合作社面向的社员量大，城乡互动中心所对接的城乡消费业务发展很快，到 2011 年时，从这块业务中所产生的利润就已经超过农资购销合作业务和手工艺合作业务，占到整个合作社利润的 60% 左右。

四、金融资本向社区的工具化"回嵌"

合作社在农村金融领域的业务最初是在联合购销的资金往来中孵化而出的，而其后续的操作运转也深深地根植于其他领域的综合性合作中。

1. 金融业务前期组织成本的支付

早在 2002 年时，农资店就已经尝试向农户预收化肥款、从厂家获得优惠并对农户进行分红的做法，但这种做法被人以非法集资为由告到政府。而之所以将他们告到政府，原因是有其他机构看到农资店每次组织技术培训都有数百人参加，便猜测有很多人在农资店入股，担心对自己的业务构成竞争。但后来在地方政府的主持调解下，该机构看了农资店的账目后才发现，"集资"总额不过10万多元，也就不了了之了。据农资店负责人介绍，事后当地主要领导私下对协会的做法表示了支持，说"新生事物就要大踏步走"，并建议农资店将入股股金的说法改为预交农资款，也不要出现红利等说法。这件事虽然没有对协会的发展造成直接的损失，但对协会产生了很大影响，此后协会发展中对金融业务一直保持着十分谨慎的态度。

2006年，合作社负责人在外地参加活动中结识了从事农村发展项目的F组织。F组织的一个核心项目便是在农村推广小额贷款。双方经过接触商讨后，便决定在果乡社区内尝试开展小额贷款业务。据协会骨干介绍[1]：F机构2006年先以贷款的形式为协会提供40万元资金，协会以农资购销合作组织为载体，再向社员募集40万元资金（仍然是以预付农资款的名义募集）。农资店将这笔资金预付给厂家可以得到可观的返利，除去1.5分/月的资金利息和向农户的分红后，仍有很大的利润空间，年底按期结还了F机构的本息。

第一年的盈利成功后，F机构2007年将贷款增加到200万元。协会得到这笔贷款后，便又以社员赊账的形式将这笔资金的大部分利用农资购销网络"贷"了出去，而结账时按照1.5分/月的利息折算对农资进行加价，成为实际的"还贷"方式。例如，一袋化肥正常价格为100元，赊账半年收取109元，赊账一年收取118元。这种操作成为向社员开展小额贷款业务的开始。[2] 由于已有的农资购销网络以及这种赊

---

[1]　以下内容根据协会骨干的访谈记录整理而来，由于当时没有条件对F机构进行正面访谈，整理时基本保留陈述者原意，不对细节做是非评判。

[2]　数据来源：作者实地调研访谈获取。

销的经营方式已经运作多年，而操作者对大部分农户的信息了解也比较充分，因此，这次小额贷款的尝试仍然十分成功。

F 机构看到这种情况后，2008 年将资金投放量增加到 800 万元。对于这么大一笔资金，协会十分重视，操作小额贷款也成为协会工作的重中之重。为了确保操作成功，协会几乎动员了所有的力量。除了抽调协会已有的骨干组建专门的小额贷款团队来操作，还动员了其他各个工作板块的骨干义务参与。

这个时期，合作社在社区内各个板块的工作都已先后陆续展开，已经锻炼出了一支有着丰富的农村社区工作经验和与本地农户有稳定联系的工作团队，这为开展小额贷款业务提供了坚实的组织和社区基础。

最后，这一期的贷款累计发放给 30 多个村庄的超过 1000 个农户，几乎达到 100% 的还款率。

2. 商业化小额贷款与社区的张力

小额贷款在当地社区顺利推出的一个客观条件是当地农户旺盛的金融需求和正规金融服务的不足。当地种植养殖业发达，经济作物覆盖率高，对生产资料的用量大，季节性短期性的贷款需求很大。据协会对 1854 户社员的初步摸底估算，约有 48% 的农户都存在贷款需求，大多数贷款额度在 2 万元左右，总信贷需求规模在 5000 万元左右（见表 7–1）。

表 7–1　果乡农户信贷需求调查情况表

万元/户	户（%）	户数（户）	资金需求总额（万元）
10	3	116	1160
5	5	193	965
2	30	1159	2318
1	10	386	386
合计	—	1854	4829

资料来源：表中数据来源于果乡协会内部资料，作者实地调研时由协会提供。

而正规金融机构由于难以解决与分散农户交易成本过高的问题而不可能满足这些散户的小额信贷需求，而且对于农户而言手续烦杂十分不便。当地农户的生产、生活中的紧急开支大都以民间借贷的方式来解决。

在这种背景下，当地开展小额信贷业务的前景十分广阔。2008 年，中国银监会、中国人民银行联合出台了《关于小额贷款公司试点的指导意见》，为小额贷款这种操作形式提供了政策依据。在这个背景下，F 机构和协会也在已成功操作的项目基础上，顺势在果乡成立了小额贷款公司（以下简称"公司"）。于 2009 年 6 月在果乡所在县正式进行了注册，注册资金 3000 万元，其中由 F 机构投资 2100 万元，持股 70%。对于公司的团队构成，由 F 机构派出总经理和财务负责人进驻当地，而具体的业务则由合作社抽调出十几名骨干组成的团队来操作，公司与这些骨干签订劳务合同。公司地址设立在协会的发源地小寨村，后来由于业务的拓展，分别在临近的另两个乡镇设立了分营业所。相应地也有新招聘的信贷员补充进来，三个所的工作人员一度增加到 30 多名。

公司成立后，除了已有的社区工作基础和小额信贷项目操作经验，各种信贷制度也在具体的操作中被骨干们不断完善。

专栏 7-5：小额信贷的社区操作实践

据当时抽调到小额贷款团队的骨干们回忆：

公司刚成立时是开座谈会，把农户叫到一块，给他们宣传。到后来，我们就用 PPT 讲。

最开始做项目的时候，主要以 6 个农资店的老顾客为基础，由我们协会的骨干来推进，协会里面有十几个骨干都兼着做。当时也是专门有个办公室，有专门的会计和财务人员，都是内部的。我们有几个最早在农资店，2009年小额贷款公司成立，把我从协会抽调出来。在农资店的时候接触面比较广，哪家种庄稼比较好，都接触过，所以下乡做工作的时候就比较容易了。2009年前三个月的时候，分了五个区，都是在下面扎扎实实地做工作。从那时候做到现在，发现农户确实是讲诚信的。在工作中就想着如何服务农户，如何做好自己的工作。当时，尽管下着很大的雨雪，但我们都坚持到户服务。

公司成立后，制度一直在变，制度基本都是我们这十个信贷员们每天讨论，最后形成的。每天开晨会总结，就讨论制度，谁有好的建议就坚持，不好的东西就取消了。

对于贷款审批：后来讨论是接到农户贷款申请后3天必须入户，了解清楚情况，5天就要答复贷还是不贷。如果可以贷，信贷主任审核，审核后5—7天贷出资金。放款之后，信贷员要回访。不定期回访，一年期的客户一般是3—4个月回访一次。由于与村民经常见面，很多情况都比较了解。回访后要整理信息。一个信贷员负责五六个村，1000多户，最多不超过1500户。

贷款不需要担保，一切由信贷员负责。信贷员由于对本地都比较了解，一般以家庭固定财产和收入来判断他们的还款能力；还有就是看信誉，人品信誉好的，孝敬父母的可以贷。不可以贷的是人品不好的，无所不为的（人际关系不好的），不孝敬父母的，赌博的等。再有，假如他以前没开过饭店，突然要借钱去开饭店，肯定就没有经验，我们就要详细考虑是否贷款给他。甄别时，还要访问3户邻居。

贷款人可以找另一个人帮他借贷，但公司要求信贷员必须知道他是给谁贷的，替代的那个人的住址，防止很多人给一个人贷。如果代人贷款者符合条件，我们可以放贷，但最多不能超过两户，总额度不能超过6万元。也要求贷款人夫妻都知道，不回访用款人，回访贷款人。

对于替别人贷款者的甄别：信贷员由于大致都了解他们的家庭情

况，一看开支，就知道他不需要贷款，就问他为什么付这么高的利息还要贷，一问就问出来了。

贷款用途：种植36%（包地、购买农资等与种植有关的），养殖24%，消费17%（结婚、盖房子居多），剩下的是做生意的（包括收购的），但是比较少（20%多），上学的、看病的，更少。还有别的情况，比如老人五十多岁，孩子在外面也有钱，但是他们不想麻烦孩子，遇到急用就自己来贷款。

也有遇到贷款用途改变的，按照公司规定不允许。但因为农户不是单一的，是多种经营的，农闲时间比较多，贷款的钱也会用于其他经营事项。但如果是拿去放高利贷，就不允许。

我们的额度最开始比较小，第一年5000元，第二年1万元，公司成立后2万元。现在基本是1000元到2万元。

贷款以一年期居多。因为贷款都是家庭信誉贷款，农户都会有这种想法，计划不如变化，宁愿贷一年，如果状况好，可以提前还，多罚一点违约金都可以，这样还可以保证信誉。

我们在公司的时候，没有逾期不还的。有一户，家里两个人都不在了。那笔贷款就从信贷员工资里扣，每个月扣工资的30%，一直扣到本息还完为止。

资料来源：作者根据访谈记录整理。

由于有训练成熟的操作团队和在当地社区长期的工作基础，加之工作中不断摸索完善制度，正式挂牌后的小额贷款公司的业务扩展迅猛，而且质量也非常高。覆盖的范围也已经远超出协会所在的两个乡镇，并在周边的另两个乡镇各设立了一个分营业所。但业务的2/3都集中在协会所在的两个乡镇。

据F机构的官方网站披露，截至2010年9月10日，公司累计服务客户2300余户，发放贷款2500余笔，额度近4000万元，贷款余额约2500万元。据协会负责人介绍，从小额贷款公司成立至2011年年底的两年半间，累计发放贷款已有 5000 多户次，额度 8000 多万元。逾期未还的仅有 5 例，经过调查核实大部分都确有特殊客观原因，后来也已经大部分追回。

随着小额贷款公司业务的增长，商业公司的利润目标与合作社服务本地社区的诉求之间的张力逐渐彰显出来。据协会骨干介绍，双方在诸多问题上产生了分歧，主要包括下面几个方面。

一是信贷员的管理和激励方式。公司希望按照工资加提成这种商业化操作常见的方式对信贷员加以激励。但合作社认为，虽然采取提成方式会刺激信贷员拓展业务，但如果信贷员收入超过当地收入太多，会被老百姓孤立起来，甚至会使贷款户觉得受到了盘剥而心安理得地不还款了。而且，小额贷款团队本来就是从协会骨干中抽调出去的，如果收入过高也会引起协会内部的不平衡。因此，协会坚持采用工资加年终奖的方式。几年下来，信贷员基本工资水平仍然是 800 元/月，信贷主任 1000 元/月，加上各种津贴，最高的工资可以达到 1800 元/月。这与小贷公司丰厚盈利水平形成了鲜明对照。

二是单笔信贷额度。当时，小额贷款公司在当地贷款分为基本额度（1000—3 万元）与大额贷款额度（3 万—5 万元）两档。鉴于业务发展的良好势头，公司希望将单笔限额提高到 7 万—10 万元。但协会坚持认为，开展小额贷款业务主要是服务当地普通小农户生产生活中的信贷需求，而当时贷款的平均额度是 2 万元左右，5000 元及以下还不到 10%。在当地资金需求旺盛的条件下，如果单笔额度限制提高，资金大部分都会贷给本身具有一定实力的经商大户，这样就与协会开展小贷业务的初衷不符了，而且大额的贷款也不利于风险控制。

三是对于利率水平。公司设定的利息为 1.75 分/月，在操作中农户普遍反映利息过高。而且协会根据操作情况看，小贷业务的大量组织成本实际已被协会在其他领域的业务开展所交叉覆盖，因此多年来基本保持了极低的人员和运行开支，并不需要依靠那么高的利息来支撑运作。因此，协会曾多次与公司商谈要求将利息水平降为 1.5 分/月，但未获批准。据信贷员介绍，1.75 分的利息已经比较高，公司为了规避国家所规定的贷款利率不能超过基准利率的四倍的限制，将利息设定在国家规定上限的临近值的同时，每笔另收取手续费，贷款 3 万元以下，收 100 元，贷款 3 万元以上，收 300 元。这样获得额外收益。

四是在贷款的客户通知上关于违约处理的条款中，公司规定"提前还款 15 天的，按照到期还款收取利息；提前还款超过 15 天的，除按照约定利息率和实际使用天数计算利息外，再加收 15 天利息"。很多贷款农户对此难以理解，提前还款为什么还要罚款呢？公司的解释是，提前还款会打乱公司的财务计划，会带来财务成本。据协会介绍，起初公司设计的是提前还款罚一个月的利息，经过交涉后降低到罚半个月。

但可能更为重要的一个原因还在于，小额贷款公司利用协会业已形成的社区工作基础和组织网络获得了丰厚的利润，但在对利润的分配上，与协会所期望的主要用于社区分配的期待有很大差距。据协会方面的说法：公司一年从社区拿走的利润有数百万元，这笔钱被公司滚动投入放贷获利，而没有用于促进社区其他事业的发展。[①]

这些从理念到操作方法上的分歧成为协会和公司之间难以根本协调的矛盾。最终，到 2012 年年初，随着原协会抽调过来的十几名骨干与公司签订的 3 年劳务合同到期之际，这些矛盾激烈地爆发出来。最终结果是协会原有骨干整体从小贷公司退出。

在调研时，由于双方冲突发生不久，矛盾余温尚存，我们无法对其中的细节一一地做多方印证。但对于商业小额贷款在农村开展业务时普遍面临的诸多问题，却可以略窥一斑；特别对于思考农村小额信贷业务的发展理念及操作方法来说，这是十分难得的素材。无论如何，利润目

---

① 当然，这里可能并未计算小额贷款公司融资的资金成本，但即便计算进去，按照这个计算，利润率仍然是很高的。

标主导和过高的利息率绝不是在农村推广小额信贷的初衷。在资金需求得不到满足的情况下，农村一方面厌恶高利借贷，另一方面又不得不依赖、受制于高利借贷，这也是发展中国家农村普遍面临的问题。

3. 新的竞争局面下转向合作社内部金融

就在合作社决定终止与小额贷款继续合作时，也产生了如何满足社区马上将要面临的信贷需求缺口的担忧。合作社也积极尝试寻找新的合作力量以应对与 F 机构之间合作可能破裂的风险。就在此时，在北京一家公益组织的介绍下，合作社与香港 S 基金会取得了联系。S 基金会在得知了协会发展历史和操作小额贷款的经历后，便积极地介入了与 F 机构的竞争。

双方在接触中初步酝酿的方案是成立新的贷款公司，预想的制度设计包括：

一是投资结构。由 S 基金会投资 5000 万元注册小贷公司，协会可从第二年逐年入股，持股可以占到 48%。但逐年入股时需要考虑公司资产价值和盈利能力的变化。

二是治理结构。由 S 基金会委派 4 名代表、协会委派 3 名代表，组成 7 人董事会。董事会下设执行团队，由 S 基金会派 1 名代表，其余由协会委派。

三是分配结构。在扣除员工工资、资金利息之后，公司利润分为三部分：1/3 作为股东分红，1/3 作为对操作人员的激励，1/3 投入公司再发展。

协会为了避免因操作人员收入过高可能带来的分化，仍然决定将作为对员工激励的 1/3 利润部分，不发到个人，统一由协会管理，用于社区事务的开支，这个决定在内部讨论时获得了认可和通过。

虽然双方初步达成了合作的意向，但由于当时合作社所在的 S 省关于暂停小贷公司审批的政策到 2012 年 9 月才解冻，因此，双方商定在合作社 5 月份正式退出与 F 机构的合作后，由 S 基金会先以项目的形式逐月向协会提供贷款，合作社以此暂时满足社区内农户的贷款需求。到 9 月新政策出台后，S 省规定设立小额贷款公司的注册资本金最低为 1 亿元。S 基金会表示难以承受，于是双方以项目贷款的合作方式便延续了下来。到 2012 年年底，合作社已经累计从 S 基金会获得 800 万元的项目资金，向 S 基金会支付的利息为 7 厘/月。

就在合作社从 S 基金会获得项目资金接续社区贷款业务的同时，也积极在合作社内部开展了金融合作的探索。先是通过有机联合社尝试动员六个专业社的社员开展资金互助合作，由于合作社在社区内的工作基础和组织基础已经十分稳固，进展十分顺利，并迅速扩大联合社所属的其他专业社中。基本的操作形式如下。

一是通过有机联合社动员社员入股。这些社员分布在联合社下属的 22 个正式注册的专业合作社中，参与联合社发起的有机种植和土壤转换项目，并按照 500 元/亩的金额入股。以这些股金配合 S 基金会提供的项目资金作为资本金，对这些参与有机种植的社员开展金融业务。到 2012 年年底，共有 2000 多户农户参加有机联合社，参与土壤转换的面积达到 8000 亩，入股股金 400 万元。协会计划三年内将有机种植面积推广到 3 万亩，届时社员入股股金也将达到 1500 万元。

二是城乡互助部门在为社员做统销服务时的应付货款，在获得社员许可后可以直接转入金融业务部门，作为对社员提供借贷服务的流动资金。社员对自己的应收货款可以随时取用，协会按照 6 厘/月向社员支付资金使用成本。根据城乡互助部门以往的业务记录，当时估计 2012 年时社员的流动货款可达到 1200 万元/年。

到此时，S 基金会提供的项目贷款、社员入股股金，加上社员的流动货款，总额稳定在 1600 万元左右。但这在贷款高峰时期还不够满足整个社区的贷款需求。

三是关于开展金融业务的收益分配。除去资金成本和运转开支后，纯收益的 60% 作为对社员的分红，30% 作为社区发展积累，10% 作为对整个团队工作人员的奖励。其中，社员分红按照入股股金和社员参与的金融业务量计算。其中，对团队工作人员的奖励暂不施行，40%都作为社区发展积累。同时，合作社与社员约定，三年内暂不分红，三年后根据财务部门的业务记录再进行分配。

四是信贷员的薪酬仍然采用基本工资加适当岗位津贴的制度，不与业务量挂钩，基本维持在与协会其他部门收入相当的水平，2012 年时月工资最高不超过 2000 元。

五是在开展贷款业务时，利率调低为 1.5 分/月，按天计息、没有提前还款违约金的设计，并且依托有机联合社为社员提供培训、讲座，以及技术服务。

至此，社区内部的金融合作已经初具规模，并与已经形成的有机种植的生产合作、农产品统销和日用品统购合作有机地结合起来。[①]

4. 综合性合作社在开展小额信贷业务时的优势

从协会开展社区金融业务的探索历程中，可以得到几个初步启示。

一是社区社会资本在降低金融业务成本中的作用。这种作用明显地体现在两个方面：一是社会资本形成的过程中已经支付了开展金融业务的前期组织成本；二是社会资本在形成收益综合性分配的同时，使其他业务领域共同分担了信息搜集成本，信息的充分极大地降低了信贷客户筛选、业务跟踪及违约风险控制等金融业务各个环节的操作成本。

二是社区社会资本与商业化信贷资本具有本质属性的差别。社会资本产生于特定的社会结构之中，天然具有嵌入于社区的特性，社会资本的增值和积累也自然建立在社区发展的基础之上。商业化信贷资

---

① 至本书出版之时，根据最新了解到的消息，合作社由于不符合 S 基金会的相关制度要求而失去了外部资助，同时，又由于未能取得监管部门批准的资金互助业务经营资格而不能开展内部资金合作，使得合作社的信用合作再次面临困境。

本进入社区后，获取了因社会资本节约了信贷成本而产生的超额收益，但在利润导向下并没有天然地分担社会资本增值和积累所必需的社区发展责任，因此二者在属性上具有本质的区别，进而导致发展中国家小额信贷领域普遍出现的商业利润目标和社区发展目标之间的冲突。同时，由于社会资本的运作和积累与社区内的经济、文化及社会生活高度结合，这也使得其在农村社区场域中与商业化操作发生竞争时，具有天然的优势。

三是合作社内部金融向社区的回嵌及其在带动社区要素自我资本化中的工具性作用。依托于社区社会资本逐渐发育起来的社区内部金融，也具有了明显的"回嵌"于社区的特性。这种回嵌一方面体现在金融资本与农业生产性资本，以及与农村流通领域的商业资本有机结合的过程中，另一方面也体现在所产生的金融收益主要用于向生产者分配（60%利润按土地入股面积分红和业务发生额返还）和用作社区公共积累的制度设计中。社区金融在这个"回嵌"的过程中也产生了带动社区各种要素实现自我资本化的工具性作用。

第三节　带有社会企业特点的社区网络组织的运作模式

一、社区文化与社区公益事业发展

作为一个从文化领域起步开展综合性合作的网络组织，果乡合作社在开展经济领域合作的同时，始终也在探索和完善着社区文化与社区公益事业的发展方向。到目前，共形成了五个关于文化与公益的服务板块，包括前文已经描述的以妇女为主体的妇女文化中心、以社区老人为服务对象的老年康乐服务中心、倡导普及健康教育的健康协会、以留守儿童教育为主要内容的夏令营项目、开展农民教育和农技培训的农村社区学校，以及以社区生态环境建设为主要内容的生态家园项目。

（一）老年康乐服务中心与健康协会

健康协会和老年康乐服务中心都是在妇女文化活动的基础上，依托妇女文化活动中形成的网络结构发展而来的。健康协会主要是在妇女读书讨论的同时普及社区健康知识。

老年康乐服务中心是 2009 年新成立的一个社区公益服务板块。成立之初的定位是为社区内老人开展服务：对于有劳动能力的老年人，中心会教授他们种植技术，鼓励他们进行土壤改良和有机种植转换，由于老年人习惯于精耕细作、有常年的劳动习惯，因此很容易带动他们积极参与。

对于独居且生活不能自理的老年人，社区从 2010 年开始尝试为他们提供居家养老服务。最开始的形式是通过协会的组织体系来牵线搭桥，在社区内就近寻找可以照顾他们的中年妇女。由老人的子女按当地一般水平付给照看者报酬，协会不收取任何费用。但后来协会发现仍不能完全覆盖所有的独居老人。于是，就由协会发动社员中的积极分子 5 个人结成一个志愿小组，以低微的报酬轮流照看这些老人。这种方式已经在小寨村解决了十几位老人的居家养老问题。

后来，康乐中心又尝试了另一种社区老人服务模式，即在社区内租用场地建设一个简易的老人活动中心，设有食堂和简单的活动设施，老人们白天可以到活动中心来，以自助互助的方式在一起共同生活。到了晚上，回到各自家中休息。康乐中心主要是服务那些独居在家并且行动还比较方便的老年人。

（二）果乡社区学校与儿童夏令营

果乡社区学校，主要是为协会骨干及社员的培训及各种活动提供场所。在最初的文化活动中，小寨村以巷道为单位成立了学习小组，但这些学习活动都是靠小组成员中的热心分子义务提供自家的房屋作为活动场地。后来，随着协会的发展，便和外部公益机构 F 组织合作成立了农村社区学校。学校经县教育局批准，注册资金 15 万元人民币。

学校租用附近一个村庄闲置的小学，占地 2000 平方米，包括教室、音乐室、办公室、库房、食堂，以及工作人员寝室和客房。平时有 3 名专职人员。学校的主要功能是负责协会的培训和学习活动，包括协会工作人员每月每周定期的内部学习活动，不定期地邀请外部专家来社区为社员提供技术培训，组织社区工作人员外出学习培训，以及整理培训学习资料以形成可持续的培训课程。此外，学校还为协会下面各个板块及合作社的活动提供场地。

2011 年暑假，社区学校又开始尝试在假期为社区内的小孩开展夏令营活动。除了解决暑假期间照看留守儿童这个现实问题外，夏令营的另一个重要目的是为孩子开展本地知识教育，因此，学校仅仅作为一个活动场地而不是完全在此授课。夏令营的内容包括认识和了解社区内各种作物、昆虫，本地文化教育，生活体验，劳动体验，等等。目前，学校正在试图开发一套为社区儿童开展本地知识教育的流程和教材。

（三）生态家园板块

生态家园板块成立于 2008 年。主要是针对社区内的垃圾堆放问题，由协会工作人员商议并向社区发出对社区内垃圾进行收集和分类整理的倡议，设想采取协会补贴加动员义务劳动的方式。最开始由协会发动妇女们打扫巷子里的卫生，丈夫们也开着车加入进来帮忙运垃圾。这样打扫了一段时间，但发现晚上还是有人偷着到处乱倒垃圾。

于是，协会的骨干们开始商议收取少量费用，决定每家每月收取一元钱，收取的费用用于购买给每户分发的垃圾回收袋、垃圾车的耗用，以及支付雇请老人清扫街道及回收垃圾的费用。而那些举家外出房屋空置的户，当作公共场所由协会统一补贴费用。农户在门口放两个筐，一个用于放置可以堆肥的垃圾，另一个放不能堆肥的垃圾。协会雇请的人员每周六定期收集一次。另外，协会还向农户发放大塑料袋，用于收集农民家里的小塑料袋，一个月收一次。堆肥的垃圾直接拉到协会的青年农场做堆肥；不能堆肥的拉到村里的填埋场。

当然，收取这一元钱是远远不够支付收垃圾的费用的，不足的部分由协会来补贴。之所以收取少量费用主要考虑两个因素：一是收了钱之后，可以让农户觉得保持卫生清洁不再是协会或村里的事。二是交了钱之后，可以正大光明地把垃圾放在门口等协会去收，而不用偷偷摸摸地晚上到处乱倒。

倡议发出后，要让所有户接受收取一元钱的费用也并不容易。例如，有的人不愿意交，有的人提条件要求清扫人员自己到后院去整理收集垃圾。协会的工作人员通过反复上门做工作，一是详细解释清扫垃圾的成本费用，说明协会已经做了大量补贴，收取这一元钱根本是不够的。二是耐心解释垃圾分类和回收的意义。后来还将这些事情编成小品在文艺会上表演，最后提出要进后院收集垃圾的妇女自己也不好意思，说"一家一户都进去收，是不行"！

生态家园的这种垃圾分类整理和回收的服务当前还仅限于小寨村，正准备扩展到协会覆盖的30多个村子。

二、果乡社区综合发展网络组织的结构分析

目前，果乡农民协会已经发展成为一个由5个经营性部门、6个文化及公益部门，以及专门的财务、后勤部门构成的综合性农民合作组织。

（一）社区的基本组织架构

果乡社区的基本组织架构可以用图7-1简示。

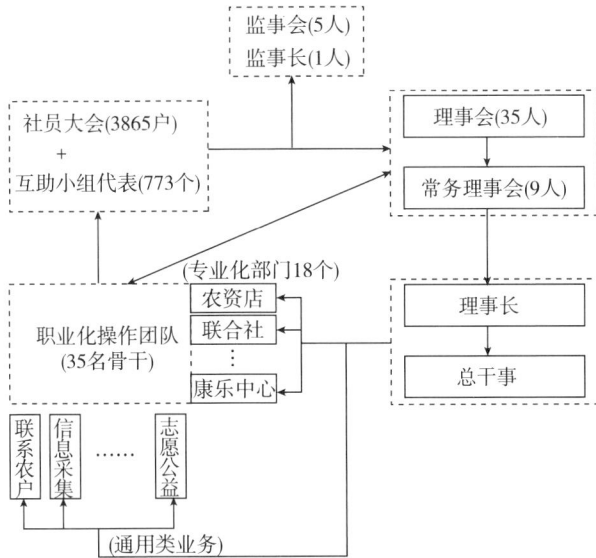

图7-1 果乡社区自主组织基本结构

资料来源：作者自绘。

如图7-1所示，协会最基础的结构是在长期的工作中联系起来的3865户社员，这些社员都参与了协会某个或多个领域的合作，他们每5户结成一个互助小组，并选出一位互助小组代表。在这些基本社员和互助小组的基础上，按照规范的合作社组织模式形成了监、理事会。除此之外，按照协会提供的材料，还有一个政府指导委员会，有5位成员，这些成员都是在协会发展历程中曾对协会给予支持和指导的政府干部，有的在任，有的已经退居二线。

在实际的运作中，起着至关重要作用的是一个职业化的操作团队。这个操作团队以最初的农资购销和跳舞活动中的七八位妇女骨干为班底发展而来，目前这些老骨干都已经成为部门或某一领域的负责人，她们年龄大都在45—50岁。后来，随着协会的发展，又吸引了许多年轻人加入进来，到2013年时基本形成了一个由35人构成的稳定的组织架构和业务操作模式（未包括抽调到小额贷款业务中的十余名骨干）。

这个团队中大部分为女性，有29名；年龄构成大致如表7-2所示。

表7-2　果乡专业团队年龄结构

年龄（岁）	20—30（不含30）	30—40（不含40）	40—50（不含50）	50及以上
人数（人）	12	7	11	5

资料来源：作者实地调研获得。

当时这35名骨干为协会的专职工作人员，正常每周工作6天，每月的考勤不低于25天，遇事或生病可以请假，无任何原因考勤不到25天的将转为兼职工作人员。经过不断发展壮大，合作社目前的专职人员已经增加到113名。

（二）入股与分配方式

目前，协会涉及入股和分红的有三个部门，农资店、手工艺合作社以及有机联合社，这三个部门的利益分配又同城乡互动部的实物返利联系起来。

1. 农资店

农资店的入股方式是：社员根据自家土地面积按照100元/亩的标准入股（最初为50元/亩），这样做的好处是，可以大致按照农户的实际需用量入股，避免出现大资本对合作的控制。鉴于以前募股时曾被揭发，入股股金名义上叫作"预付农资款"。

现在农资店已经跟三个厂家建立了直销关系，最低的直销量分别是500吨、800吨、1000吨，省去了厂家一级代理与二级代理环节（市级、县级），加上厂家对预付款的返还，每吨化肥可以便宜150元。

这是一笔相当可观的利润。所产生的利润中，社区按照30%左右的比例提取公益金，剩余利润全部用作社员分配。

对入股社员的分配同时采取三种方式：一是每月0.6—0.7元左右的固定分红；二是购买农资时可以享受1%的折扣（大约每袋化肥可以

优惠 1—2 元钱）；三是年底时按照交易量的 1% 左右进行利润返还。此外，社员享受的权益还包括：可以赊账（不超过股金额度），以及可以享受免费的技术培训。社员可以自由进退社，退出后一切权益随之取消。

2. 手工艺合作社

手工艺合作社的入股方式是：每股 1000 元，最多不超过 5 股。股金用来购买织机等设备，这些设备除一小部分放在合作社之外，其余都分散在社员家中。所产生的纯利润中的 30% 左右作为社区公益金上提到协会，其余利润全部按照股金和交易量返还给社员。但起初合作社曾与社员约定利润暂不分配，财务部门保存所有交易记录，三年之后按记录分配。目前社员参与手工艺合作的收益主要来源于订单生产。

3. 有机联合社

有机联合社的社员入股实行与土壤转换面积挂钩的方式，即参加有机种植土壤转换的社员，按照所转换的土地面积 500 元/亩入股。2013 年时参与土壤转换的面积达到 2000 多户，总面积 8000 亩，总股金 400 万元。这笔股金由联合社金融服务部运作，向内部社员提供金融服务获得收益。所得利润除 30% 左右作为公益金上缴协会外，其余利润全部按股金和社员金融业务交易量返还。当时，协会与入股社员约定三年内暂不分红，财务部门保持交易记录，三年后按记录分配。目前，社员的收益主要来源于产品销售中的价格优惠和返利。

4. 城乡互动部的实物返还与"二次返利"

在城乡互动部建立后，协会对所有社员的返利都不再采用现金方式，而是统购社员所需的生产资料和生活消费品来折抵。城乡互动部门外销产品业已建立了物流体系，现在增加一块统购业务只不过是利用了现有的物流体系实现了范围经济而已；同时，由于统购量大也会获得价格优惠，从而为协会带来新的盈利空间。更为重要的是，实物返还的方式减少了交易中的现金需求，实际为协会节约了大量的财务成本。

城乡互动部门作为纽带，实现了外部生产、生活资料统购和内部农产品、手工产品统销的良性结合和循环。协会作为交易主体将大量分散的社员与外部市场有效对接起来。其内部运作机制可以用图7-2简示。

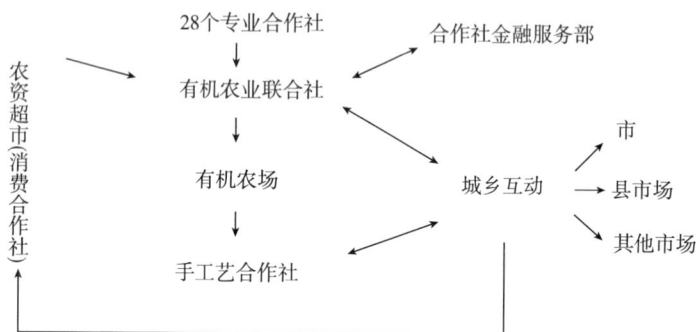

图7-2　果乡社区经营部门运作机制图

资料来源：作者实地调研获取。

果乡果品协会二十年的发展，展示了一群普通的农村留守人群为建设美好家园勤劳耕耘的故事。笔者尽管希望能还原这份经验，但所听所闻也只是片断。从现有的了解来看，可以得到一些粗浅的认识。

一是合作社作为农户的联合组织，本来就应以服务于社员需求、服务本地经济社会发展为宗旨。发展收益回馈社区，承担一定的社区责任，更具有社会企业的特征。这不仅有利于乡村的综合发展，反过来也能为合作社树立良好的口碑和声誉，更有利于经济合作的持续。

二是农村中的经济组织从农户家庭基本需求入手，更利于与社员建立信任关系。而当前对于大部分农村的留守人群来说，更紧迫的需求可能未必是农业经营收入（大部分家庭收入来源于青年人外出打工），而是养老、抚幼，以及精神文化需求。因此，从这些紧迫需求入手，是新时期动员组织农民的有效抓手。基层党组织建设、发展壮大新型集体经济，以及农民合作社发展都可以从其中得到有益的借鉴。

三是就具体经营操作上来说，在综合性合作社内部，由于多个业务部门共用同一个组织体系，共享同一套生产者、消费者信息数据，因此可以形成范围经济，将成本最小化；甚至还可以低成本地嫁接新的业务，以最低的成本拓展业务范围。

第八章　农村信贷网络组织的履约机制及治理结构

农村金融是农村发展的重要支撑。农村信贷网络组织是在农村信贷活动中形成的一种特殊的网络组织形式。本章使用前文建立的对社区网络组织的分析框架，对农村信贷网络组织的履约机制及治理结构加以分析。

当前，农村金融遭受到商业性金融的排斥是一个基本事实。

一方面，在小农经济环境中，由于农户大量分散而形成的信息高度不对称，加上普遍缺乏抵押品，导致一般的商业性金融机构难以为农村提供有效的金融服务；另一方面，在四大国有商业银行大规模撤并基层网点、全面退出县域金融领域后，仍然担负为农村提供金融服务的政策性金融机构，主要如农信社等，在高风险、高成本、低收益的约束下，贷款也主要流向非农领域，只有少部分流向"三农"领域的高端客户，一般的小农户往往也是难以获得有效的金融服务。

这些现象，若回到农村金融中借贷双方的交易活动本身来看，可以看作是在一个交易对象分散、交易环境复杂、交易费用极高的缔约环境中，依靠市场治理的纯商业信贷和依靠准科层治理的纯政策信贷双重失灵时，如何选择有效的治理形式来保障借贷双方履约的问题。在当前已有理论和实践的基础上，这里提出嵌入性信贷的概念和网络组织的治理思路，并建立一个社会资本和不完全契约理论相结合的分析框架，探讨最优农村信贷契约及其治理方式。

第一节 纯商业性信贷和纯政策性信贷的失灵

一、农村信贷契约的不完全契约属性

农村信贷契约的缔约环境具有几个典型特点：一是贷款对象农户分散且大量，二是农业自身面临着自然风险和市场波动的双重风险，三是缺乏有效的抵押品。这种缔约环境决定了农村信贷契约的不完全契约属性。这里从风险特征（不确定性）及执行中的问题来对其具体加以考察。

（一）风险特征

在上述缔约环境中，农村信贷契约受到了主观风险和客观风险的双重影响。信贷契约面临的主观风险是由于信息不对称而引起的代理人事前的逆向选择和事后的道德风险问题。在农村中，虽然在村庄内部的一定范围内信息是高度充分的，但对于外部商业金融机构而言，面临的却是一个陌生的社会和市场环境。而且，由于农户大量分散、贷款规模小，因此信息搜寻成本极高，难以建立有效的信用记录，更难以对贷款用途和项目实施进行有效的跟踪管理。所以，对外来商业金融机构而言，农村信贷市场信息不对称的问题更加突出，也使得其对农村业务中可能出现的逆向选择和事后道德风险的顾虑更大。加上农村信贷普遍缺乏有效的抵押物，而单纯地依靠提高利率的方式也会挤出优质客户，更加剧逆向选择风险。

除了受主观风险的影响，客观风险对农村信贷的履约也造成了很大的影响。这主要是由农业经营自身的自然风险和市场波动风险引起的，比如自然气候地质灾害、种植养殖中的病虫害瘟病灾害等，以及由于市场价格波动甚至滞销带来的收入损失等；还有一些因生产周期与还款周期不一致而带来的违约风险（刘峰等，2006）。这些农业经营中存在的风险，都对农村信贷契约事后的管理及执行造成了直接影响。

（二）执行的问题

缺乏有效的抵押品是农村信贷契约缔约时面临的普遍问题。而且，在收入不高、生计状况并不宽裕的农村地区，即便是某些提供了抵押品的信贷合约，其执行不仅操作上成本极高，采取强制执行还会招致社会舆论的谴责。这使得农村信贷契约中对于违约惩罚条款的设计往往只能是一种软约束。

对此，我们可以从一份典型的农村地区的小额贷款合同中清楚地看出。① 合同中对违约的认定包括："（一）甲方（农户，作者注，下同）未按本合同约定用途使用贷款、归还贷款本息、支付逾期贷款罚息或支付提前还款的补偿性利息；（二）甲方未按本合同约定的期限，向乙方（贷款公司，作者注，下同）通报变动后的联系地址、通讯方式或经济状况发生重大变化等情况；（三）甲方拒绝或阻挠乙方对贷款情况进行调查、监督；（四）甲方向乙方提供虚假或隐瞒重要事实的口头信息、文件或材料，已经或可能造成贷款损失的。"而其对违约行为采取的惩罚措施包括："（一）乙方要求甲方提前归还贷款及相应利息；（二）乙方在甲方生活社区公布甲方的违约行为。"

很明显，其中对违约的认定本身因信息不对称和高昂的信息搜寻成本而困难重重；而两个惩罚措施也并非都是完全有约束力的。这里抛开上文已经分析过的信息问题造成的违约难以认定的情形不谈，对于因"逾期未归还贷款本息"而违约的情形，无论其违约行为是由于

---

① 该合同出自一家在中国颇有影响力的小额贷款机构，由作者调研获取，为尊重当事人，隐去名称。

主观还是客观风险造成的，第一条措施显然都不具有任何可操作的意义。而对于第二条依靠社区舆论压力保障履约的措施，并不是在所有社区、所有的情形下都能奏效。特别是，如果是因客观风险造成的贷款无法偿还，社区舆论并不会加以指责，甚至会抱有理解和同情。同样的，即便是依据诸如"合同履行期间发生纠纷，双方应协商解决，协商不成的，应向乙方所在地的人民法院提起诉讼"的条款诉诸法律，无论是出于主观或是客观的违约原因，也难以获得有力的执行。事实上，在农村中出现这种小额信贷违约向法院进行起诉的情况也很少。例如，安东尼·伯特姆雷（1996）[1]对泰国的研究指出，政府的农业银行 14000 个违约案例中，向法院进行起诉的只有 64 例。而这种软约束一旦为贷款者所认知形成示范效应，又会加剧违约情况。泰国从 1964 年到 1971 年这种违约案例上升了 30 多倍。

二、纯商业性信贷或纯政策性信贷的失灵

农村信贷契约的风险特征和执行的困难注定了其不完全性。前文已经介绍了交易费用经济学对契约不完全时各种治理结构的分析。按照交易费用经济学的分析框架，理论和现实都表明农村信贷难以单单地依靠市场来形成有效治理。从理论上讲，由于农村信贷契约所面临的风险约束和特殊的契约执行环境，使其难以按照古典契约的逻辑完全由市场完成交易、靠法律保障实施。并且，由于农村信贷面临很大的风险和不确定性，交易较为复杂，显然也难以按照新古典契约的逻辑再引入一个第三方（如仲裁、管制）来进行治理。而从现实中看，商业化的信贷操作根本无法应对大量分散的农户产生的巨大交易费用，以及因抵押品缺乏而带来的巨大潜在风险。因此，在现实中，一方面

---

① 安东尼·伯特姆雷：《对造成贷款违约拖欠原因的分析》，《中国农村信用合作》1996 年第 4 期。

大多数商业金融机构并不愿意为农村提供信贷服务，使得农村遭受着严重的金融排斥。另一方面，在发展中国家的农村金融领域曾经一度风行的商业化小额贷款模式，在印度2010年大面积爆发小额信贷危机后，也越来越引起人们的反思。因此，理论的逻辑和现实状况都不支持单纯依靠市场治理的商业化操作模式。

对于准科层化治理的政策性金融，从理论上看，作为业务对象的农户数量大、分布范围广，单笔交易规模小，产生的收益根本难以支撑一个专门的科层机构来准确地执行信贷政策。在实践中，对农村信贷加以扶持的各种政策，无论是低息、贴息贷款，还是配额，往往都会产生大量呆坏账，难以维持。而且往往带来权力设租寻租问题，滋生腐败。可见，单纯依靠行政性的操作，根本不能将政策设定者的善意真正实行。不用说行政官僚机构，就连在农村从事小额信贷业务的各类机构成本开支都很高，以至于其自身的运转也不得不靠较高的利息才能维持。

三、对纯商业性信贷和纯政策性信贷失灵的模型解释

这里，我们将借鉴不完全契约的标准模型先求出最佳信贷规模和社会最优水平，然后分别将市场治理、（准）科层治理和网络组织治理形式下的社会收益水平与其进行比较。模型基本假定及参数设定如下。

信贷契约的参与双方，作为信贷资金供给方的贷款者（个人或机构）记为 S，作为需求者的农户记为 B；假定在第1期，农户为获得贷款进行一定的前期专用性投入，以使得贷款者 S 相信其将资金用于合理用途并能获得一定的预期收益，为计算方便假设其成本为 $I = \pi^2/2$。B 作出投入后价值改善的评价是 u，为简化分析，假定可能出现两种局面：一种是 $\tilde{u} = u > c$，概率为 π，即农户将贷款投入生产后会产生新增收益；另一种是 $\tilde{u} = 0$，概率为 $1 - \pi$（即农户不会进行相应投入）。

在第 2 期贷款者 S 考虑是否借款给 B，资金机会成本 c；并假设在第 1 期 u 对买卖双方均为可知信息，但不可写进契约。

1. 社会最优

目标函数：

$$\max_{\pi} E(\Delta \overline{Q}) = \pi(u - c) + (1 - \pi)(0 - 0) - \frac{\pi^2}{2} \qquad (8-1)$$

对 π 求一阶条件，得 $\pi^* = u - c$。

此时农户的专用性投资水平为：

$$I^* = \frac{\pi^{*2}}{2} = \frac{(u - c)^2}{2} \qquad (8-2)$$

社会最优收益水平为：

$$\Delta \overline{Q}^* = \frac{(u - c)^2}{2} > 0, \Delta \overline{Q} \equiv E(\Delta \overline{Q}) \qquad (8-3)$$

2. 纯商业性信贷契约

在纯商业性信贷契约的情形下，农村贷款利率往往会在正常市场利率基础上上浮一定比例，假定这个上浮的比例是可以完全差异化的，而且这个上浮的比例取决于贷款的风险。也就是说，贷款者会根据农户的信用状况进行风险评估来确定贷款利率。当然，假定自然和市场波动的风险双方会根据以往的经验概率加以考虑，这里的风险主要是指农户隐藏贷款真实目的的机会主义风险。那么，在双方信息不对称和农户缺少可靠抵押品的情况下，在贷款者看来，只有农户进行了相应的前期投入，才能确认其贷款用于合理用途；而在农户看来，自己进行了专用性投入后，自身的收益与利率的高低密切相关。利率越高，新增收益中农户留存收益越低。假定农户在新增剩余 u 中所获份额为 $\lambda \in (0, 1)$，则 $(1 - \lambda)$ 为利率上浮比例，即贷款者占有份额，这时农户的决策函数变为：

$$\max_{\pi} \Delta \overline{Q}_b^c = \lambda \pi(u - c) - \frac{\pi^2}{2} \qquad (8-4)$$

对 π 求一阶条件，得 $\pi^n = \lambda(u - c)$。

此时农户的专用性投资水平为：

$$I^n = \frac{1}{2}\lambda^2(u - c)^2 < I^*$$

农户的收益水平变为：

$$\Delta \overline{Q}_b^c = \frac{1}{2}\lambda^2(u - c)^2 \tag{8-5}$$

贷款者的收益水平变为：

$$\Delta \overline{Q}_s^c = (\lambda - \lambda^2)(u - c)^2 \tag{8-6}$$

社会总收益水平为：

$$\Delta \overline{Q}^c = \Delta \overline{Q}_b^c + \Delta \overline{Q}_s^c = \left[-\frac{1}{2}(\lambda - 1)^2 + \frac{1}{2} \right](u - c)^2 < \frac{(u - c)^2}{2} = \Delta \overline{Q}^*$$

$$\tag{8-7}$$

可以看出，纯商业性信贷下的社会总收益水平是严格小于社会最优收益水平的。其含义在于：在纯商业性信贷环境下，农户的贷款需求是受到抑制的；反过来说，当农户的贷款需求为刚性时，将不得不忍受高利率。这也是小农经济环境中容易滋生高利贷的最根本原因。

3. 纯政策性信贷契约

在纯政策性信贷契约的情形下，假设政府规定贴息或无息对农业加以扶持，并且必须要满足农户的合理贷款需求。此时，因为贷款机构对借款人还款行为不能有效约束，获取贷款即意味着收益，所以即使预料到投资不会带来新增收益（概率为 $1 - \pi$），也会有人想方设法获取贷款。这个时候借款人为获得这笔贷款需要付出一定成本，比如伪造信息甚至寻租，占贷款额的份额为 λ。此时，借款农户的决策函数变为：

$$\max_{\pi}\Delta \overline{Q}_b^p = \pi(u - c) + (1 - \pi)\lambda c - \frac{\pi^2}{2} \tag{8-8}$$

对 π 求一阶条件，得 $\pi^p = u - (1 + \lambda)c$。

此时农户的专用性投资水平为：

$$I^p = \frac{(\pi^p)^2}{2} = \frac{1}{2}[u - (1 + \lambda)c]^2 = \frac{1}{2}\lambda c(\lambda c - 2u) < I^* \tag{8-9}$$

此时，贷款者的收益为：

$$\Delta \overline{Q}_s^p = - (1 - \pi^p)\lambda c \tag{8-10}$$

社会总收益水平为：

$$\Delta \overline{Q}^p = \Delta \overline{Q}_s^p + \Delta \overline{Q}_b^p = \frac{1}{2}(u - c)^2 - \frac{1}{2}\lambda^2 c^2 < \Delta \overline{Q}^* \tag{8-11}$$

也就是说，纯政策信贷的总收益水平也是严格小于社会最优收益水平的。

四、农村信贷网络组织及嵌入性信贷契约

根据以上分析，对于农村信贷契约，无论是依靠纯商业化操作的市场治理，还是依靠纯政策性操作的准科层化治理，都难以有效满足农户的金融需求。农村信贷契约治理面临着市场和科层的双重失灵。这个时候，按照交易费用经济学的分析，形成"关系型"契约，采用网络组织的治理形式就成为必然的选择。在现实中，农村信贷采用网络组织的治理形式（或者说农村信贷网络组织）也十分普遍。比如传统的合会、熟人借贷等人际关系信贷网络，互助小组信贷、村庄互助基金、资金互助社、农业产业链金融、合作社内部信用合作等引入了现代管理制度的信贷网络组织等。在这些农村信贷网络组织中，信贷契约是"嵌入"到血缘、地缘或业缘关系之中，其履约自然也受到这些关系结构的影响，从而形成了一种嵌入性信贷形式。对于农村信贷网络组织治理的模式——嵌入性信贷契约的履约机制，接下来将详细分析。

第二节　三种不同类型的农村信贷网络组织

网络组织作为介于市场和科层之间的第三种治理方式，其具体形式并不固定。现实中农村信贷网络组织的治理形式也是多样的。这里对实践中出现的各种主要类型的农村信贷网络组织进行分析，并划分为三种类型。

一、传统人际关系形成的借贷网络组织

传统型的农村信贷契约主要是利用农村社会中的人际关系网络来保障履约。最常见的几种形式如熟人借贷、合会（国外称"轮流储蓄"和"信贷协会"，Rotating Savings and Credit Association），以及村庄放贷人等，都是典型的依靠自我履约协议机制发挥作用的网络组织治理模式。熟人借贷及合会都是以血缘、亲缘和道德伦理为基础，常发生在亲属、好友及熟人圈子之中，为生产生活中的丰歉余缺而互相周济。不同的是熟人借贷多为临时性的，有较大的随意性；而合会则有着相对稳定的自我运行机制，是一种兼具储蓄和贷款功能为一体的民间金融组织。它在我国历史上由来已久，在浙江、福建、广东及台湾地区很普遍，也存在于江苏、海南、贵州等省（冯兴元，2005）①。合会由参与者共同出资，在会期内按一定的规则贷用资金（得会），按借贷规则的不同又常分为轮会、摇会及台会。轮会，即按序轮流使用资金。这个顺序大都在发起成立时按照一定标准，比如会员使用资金的缓急程度等来确定。而摇会、标会分别是按照抽签抓阄、投标竞标方式来

---

① 冯兴元：《合会组织的是与非》，《银行家》2005 年第 8 期。

确定资金使用者的合会（徐畅，1998）[1]。各种形式合会的具体运作规则不同，如用现金还是实物（谷、麦等）入会、利息率的高低、利息的计算方式等都各有差异。以浙江一带比较常见的"万元会"为例，一次会期三年，按约定的次序轮会，每次得会金额万元左右。并规定先得会员比后得会员多缴纳一定会费以平衡后得者的等待损失。会员资金用途包括购买大件高档耐用消费品、修缮房屋或小孩上学、婚丧嫁娶等（朱信凯、刘刚，2009）[2]。可见，这种形式的农村信贷契约带有明显的互助性和合作性。

而村庄放贷人[3]，则是以放贷人的人际关系网络为基础，也发生在熟人或经熟人介绍的借款者范围内。周立（2010）[4] 考察了山东某地的村庄放贷人，发现其在贷款利息、金额、条款、用途上都极为灵活，贷款对象常限于熟人圈子内。在抵押物的接受上也很灵活，而且通常仅作为贷款人资信的一个证明，一般都重于事前的甄别和防范，尽量避免发展到违约处置抵押物的地步，因为诉诸法庭强制执行也会使放贷人的关系网遭受影响，甚至遭到道德指责。在这种形式中，放贷人不仅利用自身的信息优势将贷款风险降到了最小，而且对利率的灵活掌握甚至可以达到完全价格歧视的程度。

这些传统型的信贷契约，并无规范固定的契约文本，甚至在某些情形下有无正式文本合同都无关紧要，履约的保障依赖于关系网络、文化价值，以及事前对信息的充分掌握。虽然这些传统信贷契约的履约率较高，但往往局限在一定的"小圈子"之内。尤其是熟人借贷和合会，与血缘、亲缘及业缘是密不可分的。但随着圈层的扩展，关系

---

① 徐畅：《"合会"述论》，《近代史研究》1998 年第 2 期。

② 朱信凯、刘刚：《二元金融体制与农户消费信贷选择——对合会的解释与分析》，《经济研究》2009 年第 2 期。

③ 村庄放贷人（民间借贷人）目前并无明确的法律地位，而且在历史上与地主和工商业资本利用高利贷盘剥小农密切联系，因此带来了诸多讨论的困难。这里抛开法律和意识形态的因素，只对当前农村中存在的良性运作的半职业化的个人信贷者，从契约类型和治理形式的角度考察其经济学含义。

④ 周立：《中国农村金融：市场体系与实践调查》，中国农业科学技术出版社 2010 年版。

会变得疏远、信息也渐渐不对称。当突破了这个"小圈子"范围后，借贷风险会迅速上升。尤其是职业性的民间借贷难以监管，在农村金融需求远远高于资金供给时，往往有演化成高利贷，进而扰乱农村整体金融生态的风险。在中国历史上，高利贷就一直与小农经济相伴而生（周立，2006①；温铁军、冯开文，1999②）。而且，仅仅依靠这些非正式的传统信贷形式，远远不能解决农村的信贷需求。因此，这里的讨论旨在发掘这些能够降低风险、保障履约的传统因素的经济学含义，使之成为化解农村信贷治理困境的积极力量。

二、"农户＋金融组织"形成的信贷网络组织

由于农村信贷自身的风险特征和履约困难，一般的商业银行往往不愿为风险高、收益低的农村提供信贷服务。实践中在农村开展信贷业务的主要是各种政策性银行，如农信社、农行的小额贷款业务；政府组织的扶贫性的小额贷款项目；发展中国家普遍流行的专事小额信贷的非营利组织；以及非银行金融机构的小额贷款业务等。这些小额贷款业务既有福利性的，也有商业性的，更主流的是能够实现机构自身可持续运转的"公益制度主义"的小额贷款（杜晓山，2004、2012）③。当这些外部机构面向农村开展信贷业务时，都面临着如何与农村信贷市场有机连接的问题。既包括这些机构的科层管理方式与农村关系网络治理方式的连接，也包括商业化操作理念、操作方式，与乡土社会的价值体系及运作逻辑的连接。进而形成一种稳定的"农户＋金融组织"型的网络组织治理形式。实践中的形式有两种：一种是

---

① 周立：《小农的生存经济状态与农村高利贷的表达与实践》，《三农中国》2006 年第 11 期。
② 温铁军、冯开文：《谨防重蹈旧中国农村破产的覆辙——从工商、金融资本对农村的过量剥夺谈起》，《战略与管理》1999 年第 1 期。
③ 杜晓山：《中国农村小额信贷的实践尝试》，《中国农村经济》2004 年第 8 期；杜晓山：《小额信贷的挑战与前景》，《中国金融》2012 年第 11 期。

"农户＋金融组织"形成的信贷网络组织，比如小组信贷制度、农户联保制度，以及乡村信贷协管员制度；一种由产业链上的龙头企业为农户提供信用担保，形成"农户＋龙头企业＋金融机构"型的信贷网络组织。

1. "农户＋金融组织"型信贷网络组织

影响最大的是尤努斯发起的孟加拉国的"乡村银行"（Grameen Bank，以下简称 GB）所创立的小组信贷模式。GB 自身由四层管理机构构成：总行、分行、支行和营业所。最基层的营业所设在村庄，发动贫困农户组成信贷小组及中心。每五户组成一个小组，六七个小组组成一个"中心"，由成员选取产生中心正、副主任。营业所通过中心和小组与贷款农户相连接。成员贷款时先需要在中心周会上讨论通过，然后由 GB 支行到每户核实批准后就可获批，无须抵押。小组内成员分期按照"2、2、1"的顺序获得贷款，即先贷给两位成员，当贷款使用符合要求后再轮到另外两位成员，组长最后才获得贷款，整个周期大约四至六个月。对于还款的保障措施则有：（1）分 50 周分期还款，每周还 1/50，最后两周还利息；（2）建立小组基金，来源一是成员所获贷款额的 5%，二是成员每人每周存入固定少量资金；（3）对逾期不还款者以取消贷款资格来加以惩罚，小组成员间负有连带责任。除此之外，GB 还对农户成员组织培训，除了信用意识宣传外，还提供信息和知识技能，组织成员交流生产经营经验（杜晓山，1994)[1]。可以说，信贷小组的运作提高了成员的各种沉淀成本（赵岩青、何广文，2007)[2]，加之贫困地区资金使用的高边际收益，这两个方面共同在成员间形成了利益绑定和约束机制。

GB 通过建立农村信贷小组的方式，将乡村银行体系与贷款农户有机地连接起来，发挥小组成员内信息和信任优势，形成共同的利益和

---

① 杜晓山：《孟加拉国的乡村银行及对我国的启示》，《中国农村经济》1994 年第 2 期。
② 赵岩青、何广文：《农户联保贷款有效性问题研究》，《金融研究》2007 年第 7 期。

责任分担机制，构成了制度化的信贷网络组织。据尤努斯介绍 GB 的还款率达到 98.89% 以上。这一模式获得成功后，很快在南亚农村地区扩散开来，并受到国际农村发展和扶贫领域的推崇。但许多机构只是复制了 GB 小组信贷的形式，缺乏前期扎实的组织工作、脱离了农村的网络组织基础，使得这一信贷模式的效果大打折扣。一些私营小贷机构更是过度商业化操作，靠基层业务员的激励来扩展业务，导致贷款利率与自身机构成本一道水涨船高，给农村信贷带来了极大的负面影响。特别是 2010 年印度安德拉邦爆发小额信贷危机，农户因无力还贷大面积违约，小贷机构强力催款而造成几十位农民自杀，引起了人们对小额信贷模式广泛的反思和批评。

国内由农信社施行的农户联保贷款是在 GB 小组信贷模式基础上结合中国实际情况改进而来的。其政策依据是 2000 年中国人民银行出台的《农村信用合作社农户联保贷款指引》，由农信社引导服务区内居民自愿组成联保小组，通过联保小组将农信社和贷款农户连接起来，形成一种制度化的网络组织。联保小组的成员之间相互担保、相互监督制约，共同承担连带担保责任，理论上可以通过解决农村小额信贷信息不对称和高成本的问题，缓解农户贷款难题。但实际运行并未达到预期效果，从全国范围看农户联保推行后农户贷款难的问题并未有效缓解（赵岩青、何广文，2007）[①]。许多研究都指出其中一个重要的问题就在于农户间关系网络弱化、彼此缺乏信任，不愿共担风险组成联保小组（朱凡，2004）[②]。由于缺乏违约约束，还会出现成员串谋违约带来的集体道德风险（唐红娟、李树杰，2008）[③]；个别地方也出现了基层信贷人员为扩展业务而虚造名单、冒名贷款的情形（刘峰、许永

---

① 赵岩青、何广文：《农户联保贷款有效性问题研究》，《金融研究》2007 年第 7 期。
② 朱凡：《论农户联保贷款制度》，《乡镇经济》2004 年第 4 期。
③ 唐红娟、李树杰：《农户联保贷款的运行机制及其实践分析》，《金融理论与实践》2008 年第 6 期。

辉、何田，2006）①。

此外，乡村信贷协管员（或代办员）制度也是在实践中出现的另一种试图利用乡土社会精英将正规金融机构与农村信贷市场连接起来的网络组织方式。试图利用农村中的村干部、村医、教师等个人社会关系网络来克服金融机构与农户信息不对称的问题。但由于这些代办员都是临时性的，并且无有效的激励和约束机制，往往金融机构与这些代办员之间又产生新的委托—代理问题，因此效果有限。笔者就曾访问过一些村干部、村医的代办员，他们就坦言放贷主要是凭经验和感觉，对借款者只能尽量考察准确，但代办的贷款业务也有很多收不回，实在收不回也没有办法。

2. "农户 + 龙头企业 + 金融机构" 型信贷网络组织

由产业链上的龙头企业为农户提供信用担保，形成的"农户 + 龙头企业 + 金融机构"型的信贷网络组织，又被称为"产业链金融"。产业链金融的核心机制是以产业链中的核心企业为纽带提高上下游中小企业的信用，从而帮助其获得金融服务（邵平，2013）②。在农业领域则是以龙头企业为中介，通过一定的机制设计缓解小农户因缺乏抵押物和信息不对称而难以获得金融服务的难题。以笔者曾调研过的山西某地果汁产业链金融模式为例，由当地一家大型果汁企业为向其提供苹果的合同户提供担保，这些合同户可以凭此前企业应付的结算单据从当地农行获得贷款。农行通过企业可以知道合同户以前的信用状况以及后续苹果的收购量，以实时监督贷款用途；并且由于企业自身与农行有大的业务往来，小合同户一旦出现信用风险，农行直接从企业的账户中清偿。这里核心的机制是：利用大企业与其合同农户之间长期建立起来的了解和联系，由大企业作担保为小收购户批量地发放贷

---

① 刘峰、许永辉、何田：《农户联保贷款的制度缺陷与行为扭曲：黑龙江个案》，《金融研究》2006 年第 9 期。

② 邵平：《全产业链金融的创新与发展》，《中国金融》2013 年第 22 期。

款，一定程度上化解了农行直接为这些小收购户贷款的信用风险和成本问题，从而以产业链为基础形成了制度化的信贷网络组织。农业产业链中的信贷网络组织治理模式，在内蒙古的农牧业产业中也得到了较好的应用（张国志，2012）[①]；国际上较为著名的如洪都拉斯发展银行的芭蕉产业链融资模式、肯尼亚的农资销售产业链融资模式、印度的"买方提供支持"的产业链融资模式、玻利维亚的牛奶产业链融资模式等（邢桂君、王虹，2011）[②]。

三、"农户 + 社区合作组织"形成的信贷网络组织

在实践中，"农户 + 社区合作组织"形成的信贷网络组织也分为两种情形：一种是农户和社区专门的信贷合作组织形成的信贷网络组织；另一种是通过嵌入综合性的社区合作组织形成的信贷网络组织。

1. "合作金融组织 + 社区"型信贷网络组织

第一种是农户和社区专门的信贷合作组织形成的信贷网络组织。如社区基金、贫困村村级互助基金，以及农村资金互助社等。社区基金和贫困村村级互助基金都是在扶贫领域产生的农村信贷网络组织治理模式。前者大都是由国际机构或非政府组织运作、后者是中国扶贫部门或财政部组织发起的试点项目。其组织形式和运作机制大体相仿。由主办方向村庄或社区注入种子资金，可以是全部外来资金，也可以由社区成员相应出资配股；并组织培训成立互助小组，成立后资金在小组内封闭运行，资金的发放和回收都由成员自主决定和自我管理，主办方提供必要的指导和技术支持。这与印度的自助互助小组（Self Help Group，SHG）运作形式类似。而农村资金互助社则不仅限于扶贫

---

① 张国志：《农牧业产业链金融服务的实证考察——以中国农业银行内蒙古分行为例》，《银行家》2012 年第 11 期。

② 邢桂君、王虹：《建立本土化农业产业链金融模式》，《中国金融》2011 年第 17 期。

领域，完全由村庄内部成员按照规定发起成立，在银监会的监管下自主运行，而且也有存款业务，是更一般化的农村信贷网络组织。这几种信贷网络组织都是以村庄—行政村或自然村为基础，充分利用了村庄内原有的组织和社会关系网络。他们与合会组织不同的是，合会主要以亲缘、血缘为基础，依靠的是传统形态的人际关系网络；而这些信贷网络组织主要以村庄地缘边界为基础，在传统人际关系网络基础上引入专业化、制度化的操作方式，从而形成了制度化的网络组织。

2. "综合性合作社＋社区"型信贷网络组织

第二种是通过嵌入综合性的社区合作组织形成的信贷网络组织，其中既含有社区原有社会关系网络的基础，又有农户间在其他领域合作形成的合作信用，也有纵向产业链中的信用和约束机制。如笔者调研过的中国山西某农民合作社，在农资统购、农产品统销、农业生产管理、资金信贷等多个领域开展综合性合作。合作社成立了专业化团队运营各种业务，社员以自然村为单位组成小组展开各领域的综合合作，若干小组组成一个片区，与合作社的管理团队对接。社员的购销、借贷等资金流通过合作社统一管理。在这个网络组织中，小组（自然村）内的熟人关系网络、跨越村庄开展合作积累的合作信用，以及供产销产业链的监控和约束机制都统一结合起来。当其内部开展信用合作时，还款率几乎达到100％。一些国家和地区也有此类综合合作的成熟经验，典型的如日本、韩国、中国台湾地区的综合农协内的金融合作部门。

以上对实践中各种形式的信贷网络组织进行了简单梳理，需要进一步考察的是网络组织中的社会资本如何保障农村不完全契约信贷履约的。

第三节　嵌入性信贷契约的履约机制：
社会资本的作用

对于各种信贷网络组织中的履约机制，仍需要回到不完全契约的理论框架来加以分析。

按照本书给出的三层面社会资本对履约产生影响的分析框架，这里分别从个体层面、结构层面，以及社区层面三个层面来分析信贷网络组织中社会资本保障履约的机制。

一、个体层面的社会资本对履约的影响

很多研究都指出，当借贷双方确立了一种长期契约关系时，参与人为获得长期收益而维护声誉的激励，以及失去声誉将面临的对方不合作的威胁和惩罚，会有利于克服当事人的道德风险和投机动机（邝梅、赵柯，2008[①]；黄晓红，2008[②]）。

这里，我们将参与人放在双方关系结构中，来考察双方关系是如何对参与人行为产生影响的。从上面分析的各种信贷网络组织中，缔约双方大致呈现出两种关系模式：一是受个人影响的关系，包括受血亲、姻亲、村庄成员这些天然性的关系，以及朋友、熟人等后天形成的关系；二是受正式制度结构约束的关系，包括上面分析的"农户＋金融组织"和"农户＋社区合作组织"这两种正式的制度结构。

那么，这些关系是如何对个人机会主义行为进行约束，从而影响

---

① 邝梅、赵柯：《我国农村信贷关系的博弈分析》，《中央财经大学学报》2008 年第 7 期。
② 黄晓红：《农户声誉对农村借贷市场中逆向选择的约束研究》，《华东经济管理》2008 年第 1 期。

信贷市场中不完全契约的履约情况呢？根据前述农村信贷契约的特点，仍从其对风险状况和契约执行状况（在农村信贷市场缺乏抵押品的情形下主要是考察惩罚的可信程度）的影响进行分析。由于贷出方和借入方的行动顺序有先有后，所以农村信贷契约的缔约双方一般都构成了动态博弈关系。而上述两种关系模式都是在这种动态博弈的框架内对双方履约行为产生了影响。

嵌入天然性关系的农村信贷契约，缔约双方对彼此的类型（是否诚信、能力情况等）都是知晓的，因此属于完全信息动态博弈。而且，这种天然关系一旦形成，基本会伴随一生或长久存续，因而构成了无限次重复博弈。根据无名氏定理，如果贴现因子足够大（参与者有足够的耐心），就可以得到一个特定的子博弈精炼纳什均衡解，使理性的缔约双方产生合作结果。在现实中，这些天然形成的关系给缔约主体带来的互惠、信任等社会资本是普遍存在的。而一旦违约，违约者遭受的惩罚虽非强制，但也是真切的。比如，在一定时期内会出现邻里断交，亲人不往来，互惠不复存在，在空间封闭人际交往频率高的传统社会，这种同时在主观感受和客观收益上形成的惩罚尤其重要。

嵌入农村人格化关系的农村信贷契约，缔约双方对彼此类型的认知一般也是充分的，也属于完全信息动态博弈。与天然性关系有所不同的是，朋友、熟人等这些关系并不是绝对恒定不变的，它的形成和维系有赖于缔约主体个人的人格化特征。因此，只有在那些稳定的人格化关系中，才会构成无限次重复博弈；而那些不稳定的情形下，则是有限次的重复博弈。根据"逆向归纳法"求解，完全信息动态博弈的有限次重复均衡解是单阶段博弈纳什均衡的重复，即有限次重复没有改变"囚徒困境"的均衡结果。这也就意味着，农村中这种由个人后天积累起来的社会资本具有强烈的人格化特征，它对信贷契约的履约保障有赖于缔约者的个人状态，也有赖于具体的博弈过程中缔约主体沿非均衡路径作出的最优策略选择，当然这种选择是随机的。在实践中，嵌入人格化关系网络中的农村信贷契约，如前文描述的村庄放贷人依靠个人关系网络的贷款行为，以及村庄信贷协管员制度等，其作用范围和效果都跟放贷者个人影响和能力息息相关，而且也是有限的。

至于嵌入制度化关系的农村信贷契约，情形则比较复杂。有些制度化关系虽然吸收了原有的天然关系——如社区成员关系，但缔约双方——贷款机构和小组成员之间并没有这种天然性关系，比如小组信贷、联保制度。这时缔约双方对彼此状态并不是完全知晓的，形成了不完全信息动态博弈。根据 KMRW 声誉模型，只要博弈次数足够多，是存在一个精炼贝叶斯均衡解的。其直观解释是，如果博弈重复次数足够多，参与人会为了长远收益树立良好的声誉，直到博弈行为将结束时才会一次性用尽过去积累的声誉，走向非合作。那么，上述类型的嵌入制度化关系的农村信贷契约的履约，就取决于其博弈持续的时间是否能够长到令理性参与人有动机积累并使用声誉社会资本。信贷小组（如上文提到的 GB）由于在小组成员间建立了诸如共同基金等一套长久利益约束机制，因此其履约效率明显高于结构较为松散的联保制度。实践中，也出现了一些联保成员共同合谋违约的例子。

有些制度化关系在吸收了原有天然性关系的同时，缔约双方之间本身也存在这种天然关系。如社区基金、资金互助等情形，无论是管理资金的组织还是具体操作的个人，与贷款者同是社区成员。这时缔约双方之间形成的是完全信息动态博弈，并且由于天然关系的持久性，理论上是可以通过无限次重复博弈得到子博弈精炼纳什均衡解的。这时，同样是缔约双方的互惠、信任等社会资本有效地保障了履约。当然，实践中信贷契约的维持还取决于信贷业务收益和组织成本的平衡，以及客观风险等一系列问题。

有些制度化关系建立在另一些稳定的制度结构内，比如农业产业链金融、专业合作社内置金融等情形。这时借贷双方的制度化关系通过相关第三方建立，但缔约双方彼此间状态信息并不是完全了解的，也构成了一种不完全信息动态博弈。这时，或者通过第三方提供的有效约束（如贷款者在第三方机构中的信用记录和货款、账单质押）提高了参与人选择合作的概率；或者由于第三方机构与贷款者的业务收益预期使得博弈次数足够长，也提高了不完全信息动态博弈下的合作解出现的概率。这里利用的是贷款者在第三方机构中积累的信用和声誉社会资本，并且第三方产业组织也为化解信贷契约面临的客观风险起到了一定的保障作用。

还有些制度化关系既吸收了缔约双方的天然性关系，也融合了原有的稳定制度结构，比如社区性（社会性）的综合性合作社的内置金融业务。这也是一种完全信息动态博弈情形，能够促使缔约双方选择占优策略、出现子博弈精炼纳什均衡解的因素：一方面，有天然性关系维系的无限次重复博弈；另一方面，也有第三方提供的有效约束，还有第三方产业组织在化解客观风险方面所起的积极作用。这时，缔约主体的长期信任、互惠、声誉等社会资本共同发挥了作用，提高了履约水平。

就农村信贷契约本身而言，无论是嵌入以上所述何种关系，这些关系所包含的信任、互惠、声誉等社会资本在信贷契约签订时都已经是外生给定的。因此，我们需要进一步追溯的是，这些使缔约双方之间产生这些社会资本，并使这些社会资本对履约产生影响的外部结构是怎样的。

二、结构层面的社会资本对履约的影响

当分析从缔约双方的二元关系转到关系外部的结构，关注的角度也从缔约双方扩展到三个或三个以上主体构成的网络。

天然性关系信贷契约所处的血缘、亲缘、地缘等结构，以及人格化关系信贷契约所在的熟人小圈子结构，也都是外生给定的。而这些结构促使其中的个体之间产生信任、互惠、声誉等社会资本的原因，既有情感性的（Expressive），如贷方"不好意思拒绝"的人情压力，借方不愿欺骗别人而损害亲密和情感这些强连带（格兰诺维特，1973）①；也有基于工具性动机而进行的互利性交换；还有混合了以情感性因素和互利性因素的人情交换为基础的信任（黄光国（Hwang），1987）②。而且这些信任在网络结构中都因为对惩罚可信程度的增加而增强。

因此，信贷契约所处的网络结构及制度结构便显得尤为重要了。前文已经述及，制度化网络组织吸收了原有的天然性关系、人格化关系及其他成熟的制度结构，并在缔约主体之间构建了新的关系型信贷契约。这就将信贷契约嵌入了原有的网络结构中，从而使缔约双方，以及相关第三方主体共同形成一个网络组织结构。扩展后的网络组织是一种横向网络和纵向网络相融合的结构，并通过这种结构中的社会资本对不完全契约的履约产生影响。具体而言，在一些横向网络中，例如小组信贷、社区基金、资金互助社等的成员（社员）网络，信任、互惠、声誉等社会资本的形成，既有赖于社区中原有的社会资本基础，也在新的网络结构中因利益作用的强化和惩罚的可信使其得到进一步增强；成员间横向网络中产生的社会资本又反过来影响着每一个成员与贷款机构间信贷契约的履约水平。在一些纵向网络中，如农业产业链金融中龙头企业与关联农户、金融机构与龙头企业间，本身都在长期的经济活动中形成了稳定的契约关系，从而分别积累起了信用、信任等社会资本，通过龙头企业作为中介，这些社会资本进一步促进了

---

① Granovetter Mark, "The Strength of Weak Tie", *American Journal of Sociology*, 1973, 78, pp. 1360 – 1380.

② Hwang K. K., "Face and Favor: The Chinese Power Game", *American Journal of Sociology*, 1987, 92, pp. 944 – 974.

金融机构与贷款农户之间的履约水平，三者形成了新的横向网络结构，并在网络中积累和强化着彼此信任的社会资本。在一些横向网络和纵向网络相结合的结构中，例如合作社中社员间的横向关系网络、合作社与社员的纵向关系网络形成的网络组织，合作社与社员、合作社金融部门与其他业务部门间，既利用了社区原有的社会资本基础，也在长期的经济合作活动中积累和强化了彼此的信用、信任、声誉等社会资本，并通过合作社为中介，这些社会资本直接对内置的金融部门与社员间信贷契约的履约产生影响，保障了履约水平。

在分析了社会资本在其中得以产生和运作的网络组织结构，以及这些结构如何影响缔约双方的履约水平之后，我们还需要关注这些结构本身得以稳定运行的外部环境——社区（社会）因素。

三、社区层面的社会资本对履约的影响

信贷网络组织嵌入其中的社区（社会）环境，即宏观层面的社会资本，按照帕特南的解释，它是在长期历史过程中形成的能够有效协调社会行动效率的信任、规范和网络。它是社区内在的、社会的、文化的各种元素凝聚的结果，是影响成员相互关系的价值观和准则，是嵌入社会中的制度[①]，也是一种促进合作的非正式规范。可见，它属于非正式制度的范畴。

在中国的乡土社会中，如费孝通在《乡土中国》中所做的描述，这是一个"变化很少的社会""文化是稳定的"，在这个社会中，依靠"礼制秩序""陶炼出合于在一定的文化方式中经营群体生活的分子"。又如梁漱溟所描述的"许多事情乡村皆自有办法；许多问题乡村皆自能解决：如乡约、保甲、社仓、社学之类，时或处于执政者之倡导，

---

① Collier Paul, "Social Capital and Poverty", in *Social Capital Initiative Working Paper*, Washington D. C. : World Bank, 1998.

固地方人自己去做"。这里所描述的"熟人社会""秩序""群体生活"等机制，与社会资本所描述的规范、价值和网络等在实质上是共通的。当然，经历了近现代的巨大变革后，学者们所描述的传统乡土社会中的这些情形早已改变。但在今天的乡土社会无疑保留着这些因素的痕迹，如贺雪峰（2013）①所提的"半熟人社会"，以及学者们基于这些传统因素对现代乡土社会诸多问题的考察等。

这些宏观层面的社会资本是如何作用于网络组织结构，进而影响个体行为的呢？帕特南（1993、1995b）②指出：个体参与包括朋友交往、社团生活等这类的社会网络会促进形成社会内在规范。一方面，规范为人们所普遍接受时就产生了相互信任，进而会更加相信对未来收益的预期；另一方面，规范会增加"背叛"和"搭便车"的代价。这两方面的因素促进了合作的可能。达斯古普特（2005）③也指出在一个社会资本拥有程度较高的社会群体中，团队忠实的特性、互相强制、规范及声誉都会促进签约后协议的执行。

具体到农村信贷领域，非正式规范和价值观对个体履约的影响也是明显的。如孟加拉国的"乡村银行"（GB）在发展信贷小组时，很重要的一个措施就是加强对成员的宣传教育，主张自助互助而非施舍，使成员树立了讲信誉和及时还款的意识，这对 GB 的运转起到了很重要的作用（杜晓山，1994）④。而那些只搬用了小组信贷形式，并没有树立起成员共同价值的做法，很难真正保障履约。印度 2010 年大面积爆发的小额信贷危机就是一个侧面的例证。在笔者调研过的一个案例中，在同一地区农户对不同贷款机构的还款意识存在的差别，将这种规范

---

① 贺雪峰：《未来农村社会形态："半熟人社会"》，《中国社会科学报》2013 年 4 月 19 日。

② Putnam R. D., "The Prosperous Community: Social Capital and Public Life", *The American prospect*, 1993, 4 (13), pp. 35 –42; Putnam Robert D., "Bowling Alone: American's Declining Social Capital", *Journal of Democracy*, 1995b (6), pp. 65 –78.

③ ［印］帕萨·达斯古普特等编：《社会资本——一个多角度的观点》，张慧东等译，中国人民大学出版社 2005 年版，第 429 页。

④ 杜晓山：《孟加拉国的乡村银行及对我国的启示》，《中国农村经济》1994 年第 2 期。

和价值观对履约的影响体现得更为明显。比如，一些农户对信用社贷款的看法就是"借的是国家而非个人的钱，还不起也不会怎么样"，对商业小额贷款机构会存在"利息太高，挣了我们太多的钱，是来剥削我们的"，而对合作社内部的资金互助社则认为是"来帮我们解决困难的"，而客观上三类机构还款率的差距也是很明显的。总之，社区内部在长久的互动中积累凝聚起来的规范、价值、认识等社会资本形式，已经成为一种非正式制度内化于社区结构中，与正式的组织制度安排，共同影响着农村信贷契约的履约状况。

至此，我们已经从社会资本的视角，从个体理性选择、网络组织结构中的制度安排、非正式制度的影响等不同层次，对农村信贷契约的履约机制进行了相对全面的考察。

通过本章的分析，进一步将农业网络组织的分析框架应用到农村信贷契约中，由于农业生产经营领域面临的高度风险，加上农村缺乏有效的抵押品，造成了农村信贷契约的不完全性。作为一种不完全契约，农村信贷契约治理也面临着"市场—科层"单一治理方式的失效。

首先，由于农村信贷契约所面临的风险约束和特殊的契约执行环境，使其难以按照古典契约的逻辑完全由市场完成交易、靠法律保障实施。其次，由于农村信贷面临很大的风险和不确定性，交易较为复杂，显然也难以按照新古典契约的逻辑再引入一个第三方（如仲裁、管制）来进行治理。最后，由于缔约农户数量大、分布范围广，单笔交易规模小，产生的收益根本难以支撑一个专门的科层机构来准确地执行信贷政策。因此，从理论上讲，纯商业信贷（市场治理）或是纯政策信贷（准科层治理）都难以有效保障履约。

在实践中，大多数商业金融机构并不愿意为农村提供信贷服务，使得农村遭受着严重的金融排斥；在发展中国家一度风行的小额信贷模式近年来也暴露出诸多问题。而对农村发展进行扶持的各种政策性信贷，无论是低息、贴息贷款，还是配额，到最后都是呆坏账居多，难以维持。而且往往带来权力设租寻租问题，滋生腐败。

可见，对于农村信贷契约，理论逻辑和实践都不支持单一的市场治理或准科层治理模式。因此，采用网络化的治理结构就成为一种必然选择。在现实中，各种形式的农村信贷网络组织也十分普遍。

本章分析了三种不同类型的农村信贷网络组织，包括：传统人际关系形成的借贷网络组织、"农户＋金融组织"形成的信贷网络组织、"农户＋社区合作组织"形成的信贷网络组织。进而，通过"嵌入"的视角将个体、结构、社区三个不同层面的社会资本统一起来，对农村信贷契约的履约问题加以解释，包括：（1）嵌入关系的信贷契约。双方因熟人、朋友关系而形成了合作型参与人的多次重复博弈，为追求长期总收益双方会选择履约。这属于个体层面的社会资本。（2）嵌入结构的信贷契约。因嵌入结构（利益相关方与缔约双方所形成的结构），利益相关的第三方会对缔约双方的行为构成约束，或者使双方形成更大的利益联结，从而使参与人在追求长期收益的考虑下选择履约。这属于结构层面的社会资本。（3）嵌入社区的信贷契约。双方嵌入社区中，会在多个领域内形成交易关系，出于使各种相关受益最大化的考虑，以及社区非正式规范、舆论压力、文化价值等因素，都会对缔约双方的行为构成约束，从而保障信贷契约的履约。这属于社区层面的社会资本。

第九章　小农户组织化的路径选择

第一节　对社区在小农户组织化中的作用的认识

一、社区性的网络组织是小农户组织化的必然选择

在小农经济条件中，由于农业自身固有的"双重风险"及小规模分散经营带来的信息高度不对称，使得包括农业生产经营领域和信贷领域在内的大多数农业合约都具有不完全契约的特征。

根据交易费用经济学对治理结构的分析框架，对于具有不完全属性的农业契约，由于农业生产投入所具有的高度专用性，加上农业契约的复杂性，很难在市场中依靠法律或第三方（监管和仲裁）的方式来治理；而且由于农业分散经营形成的供需信息的不对称，以及农业生产对价格反应的滞后性，很难达到均衡的价格水平。因此，单靠价格机制并不能有效地配置农业生产经营中的资源，这造成了农业中市场治理的失效。

由于农业生产周期长，生产空间分布广泛，而且具有人工活动与自然过程高度结合的特点，使得大多数农业领域的生产都很难被完全标准化，因此，采用科层化的方式对农业生产进行监督的成本极高；加上农业生产分散，交易频率相对较低，单笔交易形成的收益低，使

得农业难以支撑一个专门的科层化治理结构。这造成了农业中科层治理的失效。

可见，在小农经济环境中，大多数领域的农业生产经营都难以单单依靠市场或者是依靠科层来形成有效的治理。因此，从逻辑上讲，我们的思维必须从传统"市场—科层"二分的框架转向"市场—网络—科层"三分的框架来考虑农业的治理问题。从现实世界来看，大多数领域的农业生产经营及农业信贷领域也都是采用网络组织的治理形式。

根据新家庭经济学的农户决策模型，在当前外部劳动力市场的工资率提高的情况下，除了商业化农产品的生产外，农户家庭内的一些时间密集型家务劳动产品的生产（T_i）和闲暇（H）都成为可以与外界交易（或合作）的领域。由于这些产品和服务大都由社区提供；同时，农户和中介组织在生产经营领域的交易也需要社区中的社会资本来保障。因此，在一个稳定的农业网络组织中，农户、中介组织及社区都是交易相关方和治理主体。

根据所签订契约的不同，理论上可以形成"农户＋社区合作社"型社区网络组织、"农户＋社区性企业"型社区网络组织，以及介于二者之间的混合型社区网络组织。

二、社区中的社会资本是网络组织履约和有效投资的保障

"契约不完备造成投资无效率"是不完全契约理论的经典命题。在农业领域，由于契约不完备带来的履约障碍与投资无效率是同一问题的两个方面。而本书的研究发现，由于社会资本的作用，在社区网络组织中，社会资本能够保障履约，进而保障有效的农业投资水平。对于这个结论，可以从两个方面来加以理解。

　　一方面，农户的理性行为模式使得社区也成为农业契约中的交易相关方和治理主体。农户作为一个追求家庭总效用最大化的单位，其家庭总效用由市场购买的产品、家务劳动产品，以及闲暇三部分组成。在当前，随着外部劳动力市场工资率的提高，使得市场购买对家务劳动的替代作用增强；但一些必需的家庭需求，比如赡养老人、照料小孩等，在农村无法通过市场购买来替代，往往更好的方式是由社区来承担；同时，由于劳动力外出后家庭成员的不完整，参与社区活动会使闲暇时间获得更大的效用。这些变化意味着，农户为了家庭整体效用的最大化，需要与中介组织在农业生产经营领域进行交易（合作）以获取市场产品。同时还需要与社区进行合作（交易），一是由社区提供某些必需的家务劳动产品，二是使家庭闲暇效用最大化。换言之，农户为满足其家庭效用最大化，所要交易的对象除了市场中的中介组织外，还涉及社区。因此，社区也成为农业契约的利益相关方和社区网络组织的治理主体之一。

　　另一方面，社区中的社会资本能够有效保障农户和中介组织间的履约。由于农户决策与社区联系密切，中介组织为了与农户维持稳定的交易而嵌入农户所在的社区。农户与中介组织在社区环境中形成了三种不同层次的关系，包括：（1）嵌入双边关系，这时农户与中介人（或中介组织中的具体的经营者）构成了朋友、熟人关系，双方都是合作型参与人，出于追求长期利益的最大化而合作或履约。（2）嵌入网络结构，这时农户与中介组织构成横向网络（双方持续在不同领域合作），或者纵向网络（与双方利益相关的第三方共同形成的网络结构），声誉机制会对网络中的多次重复博弈产生影响，从而保障履约。（3）更为一般的情形是，双方是一般关系的交易主体，在自身的理性决策下共同嵌入社区，彼此在社区中就不同领域内的交易形成了无限次重复博弈，从而达成合作。

　　这三种层次的关系中，分别形成了社区中三个不同层面的社会资本：个体层面、结构层面和社区层面的社会资本；同时，社区中的社会资本又维系了这些关系。

所以说，社区中的社会资本是农业网络组织履约和有效投资的保障。

三、嵌入社区的产权安排是网络组织治理的基础

组织的产权（包括剩余索取权和控制权）安排，是组织治理的核心和基础。在已有的企业理论中，研究者认识到了物质资本和人力资源在产权配置中的谈判力。在社区网络组织中，社会资本也是一种权利的来源。

首先，在社区网络组织中，社会资本是产生经济剩余的重要来源。一方面，社会资本能够保障履约，因而会促进农户和中介组织的专用性物质资本和人力资本投资；另一方面，社会资本促进了合作，能够在农业网络组织中形成规模经济和范围经济。此外，社会资本可以提高社区网络组织中农户和中介组织投入的物资资本和人力资本的边际产出，与物质资本和人力资本投资共同产生团队生产效应。

其次，社会资本作为一种能为社区网络组织贡献剩余的特质性资源，它具有高度专有性的特点；同时，无论是个体层面的社会资本，还是结构层面和社区层面的社会资本，都具有固定性和不可转移性，因而具有高度专用性的特点。

最后，社会资本与物质资本和人力资本相比，又有其独特的属性：农村社区中的社会资本，为社区成员所共有，在社区网络组织内不具有排他性，成员间对其使用也不构成竞争性，属于"公共物品"的范畴，但对社区网络组织以外的主体而言具有排他性和竞争性，属于该网络组织所有的"专有物品"。

社会资本的上述特征，决定了社区网络组织中产权安排的基本特

点：首先，社区网络组织产权安排很重要的一个功能就是保障社区社会资本的积累和再生。其次，社会资本对内共有的属性，要求社区网络组织采用高度分散对称的产权结构，特别是产权要体现社区性。具体说，一方面，社区同农户、中介组织一样都成为产权结构中的主体；另一方面，社区社会资本作为公共物品，其产权收益和使用也具有公共性。

社区网络组织所遵从的这些特点，使得单一的股份制和单一领域的合作都难以与之相适应：单一的股份制有利于形成清晰的产权结构，但往往会造成产权过分集中于少数主体，难以适应社会资本所要求的高度分散对称的产权结构。

合作制虽然将产权分散安排给社员，但从实践来看，单一领域的合作易于复制"一人一票"的决策安排，以及按交易量返还的剩余索取权安排，但往往会忽略"国际合作社联盟七原则"中关于教育培训和社区发展等内容，这也是最易于形成社会资本的领域。最后，受制于集体行动的效率问题，往往就演变成少数大户、精英，或者是外部投资人控制的模式。

因此，嵌入社区的产权安排是农业网络组织治理的基础。具体的产权形式，有以下三种理想类型：

（1）"社区＋合作社"形成的农业网络组织，形成了社区合作制的产权结构。社员、合作社经营者及社区分别通过按交易量分红、按经营贡献分红，以及提取社区基金的方式共享剩余，并按会员"一人一票"的原则配置决策权。

（2）"社区＋社会企业"形成的农业网络组织，形成了类似社会企业或社区企业的模式。农户、社会企业和社区通过协议分享组织剩余，并通过综合性的合作形成紧密的利益联结。

（3）混合型的社区网络组织，是由"社员＋合作社＋社区性企业"共同构成的网络组织。其内部不同部门间形成了股份制、合作制，与股份合作制有机结合的产权结构。社员和合作社按合作制的安排配置产权，而合作社整体和中介组织按股份制的安排配置产权，社区与社区成员之间形成股份合作制的产权结构，并通过社区基金分享剩余。现实中，可以是由社区成员用资源、要素或资金，按股份合作的形式加入集体经济组织；同时农户按照合作制成立合作社；再由集体经济组织入股合作社，由合作社开展具体经营。

三种类型的产权安排所构成的社区网络组织，其共同点是通过嵌入社区，形成让社区社会资本发挥作用的基础。社区性的产权安排是其产权逻辑的核心。

第二节　小农户组织化的现实路径

一、发挥农村社会资本的积极作用

在工业化的发展过程中，优质要素在工农比较收益的差距中从传统农业领域流出是一个普遍现象。在中国，农村优质劳动力长达二十年持续从农村流出，并且新一代农民工趋向于城镇化定居，使得农村留守人口日益老年化、女性化，原来的半劳动力和辅助劳动力已经成为农业生产经营的主体，其自我发展能力成为未来农村发展的决定性因素。

我们知道，资本积累是现代经济发展的核心。但对于这些留守群体而言，他们面临的是"物质资本"和"人力资本"的双重缺乏。在这种前提下，社会资本积累对于留守人群的发展具有重要意义。

在传统的农村社会，存在着各种形式的潜在社会资本，包括家族宗族网络、特定场域内的象征性活动网络、不同领域的功能性组织网络，以及各种人际关系网络等。随着现代经济转型中市场消费观念不断侵入，乡村社会日益原子化，乡村原有的各种社会网络、社会组织、及价值规范都逐渐解体，那些传统的社会资本要素也随之散失。

因此，重新建立乡村社区成员之间的联系，重新塑造社区内部的价值规范，重建社区的治理组织，在此基础上重新生成社会资本赖以集聚的社会元素，对小农户组织化具有十分重要的作用。

二、从社会、文化领域入手最低成本地组织动员农户

小农户组织化，组织成本和收益的平衡是始终要面对的一个问题。在一般的农业经营领域，由于农业自身所固有的"自然风险"和"市场风险"，造成收益波动较大。在农户合作组织建立的初期，这是一个非常大的挑战。

在社会文化领域，农户通过参与其中的活动获得的是一种闲暇消费品。在农业相对收益越来越低的情况下，放弃某些过重的农业生产活动去享受闲暇的机会成本越来越小。同时，在当前非农收入成为农户家庭收入的主要部分并且带动农户现金收入越来越高的情况下，农户依靠农业收入的进一步提高所带来的边际效用是递减的，适当闲暇的边际效用上升，文化活动所提供的闲暇消费品对农户而言的边际收益也是上升的。在文化活动所"生产"的闲暇消费品的机会成本降低、边际收益上升的情况下，对农户而言，文化活动所带来的收益是近乎无风险或者说低风险的。同时，社会文化领域的合作还有受自然条件约束小，而且组织成本低的特性。

社会文化领域中提供的"闲暇消费品"，其"生产"具有收益稳定和成本较低的特点。因此，以社会文化活动为抓手，更容易带动农户家庭里的留守成员参与其中。社会文化领域中的合作可以成为农户组织化建设初期的有效路径。

在现实中，农村以老人、妇女为主体留守群体，他（她）们身上蕴含的文化文艺资源恰恰是最丰富的。在乡村开展文化文艺活动，群众喜闻乐见，容易参与，而且可以带动形成有活力、有生气的社区氛围。

从实践中我们还看到，社会文化领域合作的过程，是一个"公共生活空间重构"的过程，也是一个成员间进行初始组织训练的过程，更是一个社会资本形成的过程。这些都可以为小农户进一步开展经济合作打下良好的信任基础和制度基础。

三、形成合理的社区公共财产积累制度

小农户组织化，在经济建设领域展开合作，并实现财务可持续是必然要求。在转向社区建设或经济活动后，组织的发展又会面临专业经济组织常面临的风险及成本问题。在社区网络组织中，非经济领域初期的无风险合作已经为经济组织的建立积累了"特殊资源"，即在社会文化领域开展的无风险合作，是一个再造公共生活空间的过程，也是对农户开展组织训练和制度训练的过程。在这个过程中，社区成员之间交往频次日渐增多，联系日益紧密，因此，这也是社区内部的社会网络、社会信任、群体认同、群体文化、非正式规范等社会资本形成和聚集的过程。

社会网络组织中的综合性合作，产生了互相支撑、互相补充的协作效果。在非经济领域的合作中，社会资本得到积累和强化，并在一定的条件下与社区人力资本和物质资本相结合，转化为经济收益；经济收益在社区内进行社会化分配，因为体现了公平、公益、福利等社区发展原则，反过来又会强化社区社会资本。实现社会资本积累与综合性合作之间的良性互动，其内在的循环机制为：（1）社会资本降低了各种专业化部门初期的运作成本，进而增强了组织抵御外部风险的

能力；（2）在特定条件下，专业化部门使农村社会存在的各种潜在要素与外部市场和主体形成有效对接，产生新增的要素收益，实现社会资本向经济收益的转化；（3）经济收益支撑了专业组织的运作；（4）经济收益在社区内的社会化分配，又进一步强化和积累了社区社会资本。从而，社会资本和组织的运作在实践中形成良性的互动。因此，在社区内部，涵盖了社会、文化、经济等诸多领域的综合性合作，对于留守人群实现社会资本积累，走出发展困境具有重要意义。

从根本上来说，社区社会资本主要是在社会文化领域的合作中形成并强化的。这些领域本身都具有正外部性的特征，因此，在社区网络组织内部，一项重要的制度设计就是经营性组织利润的一定比例都作为社区公益积累上缴，在社区内部形成一块公共财产。这块公共财产使组织成本、收益在不同功能性组织间综合分配，在这个循环过程中，社区网络组织也在总体上实现财务可持续。

四、推动农村生态、文化资源的市场化开发

农村中的传统要素领域，无论是留守群体体现的弱质的人力资源，还是他们所相依的出产传统作物的土地，都因预期收益较低而难以获得可观的市场定价，因而难以进入现代市场经济体系。在当前的宏观条件下，生态资源与文化资源的价值日益凸显，成为新的可被定价的要素。而农村里的这些新要素，恰恰与留守人群的结合程度最高。因此，通过推动农村生态文化资源的开发，就能为小农户组织化提供经济基础。

宏观领域的资本过剩和城市中高收入消费群体的兴起，为农村生态资源和文化资源开发提供了有利的宏观条件。但要想使这些新的要素获得定价，还需要有效的资源配置方式，使其与外部市场有效对接起来。

在社区网络组织内部，一方面，通过社区公共建设和社区公益活动，综合性合作部门与农户生产者建立了多方位的、更加紧密的联系，这既有利于促进合作、提高集体行动效率，也有利于合作社更加全面地掌握社员生产生活基本信息，从而降低各专业部门的业务成本和内部监督成本。比如对生态种植养殖的质量保障，信贷业务中履约的保障等，从而使得专业组织可以更好地与生态文化要素的定价方式相适应。

另一方面，通过社区公共建设和公益活动，综合性合作社更容易形成社区信任和广泛的社会声誉；并且，通过拓展社区公共活动和公益活动，比单一的产品消费，更利于吸引消费者参与；继而，在参与中形成城乡良性互动，逐渐克服因普遍的社会信任缺失而造成的城市消费者与农村生产者之间的信任危机。例如，第六章所述的平原乡综合性合作社，通过社区公益活动吸引了大量的公益组织、社会力量来到社区，并通过传统民俗及民间文艺活动吸引消费者的加入，极大地扩大了社区生态产品的知名度和信誉度，并逐渐建立了社区独有的品牌。第七章所述的果乡果品协会案例，同样是由于其社区综合发展理念和公益活动，加之合作社突出的经营能力，吸引了香港商业集团投资合作推广种植有机棉花。而且，由于综合性合作节省了某一部门的业务成本，使得其可以通过综合成本定价以较低的价格向城市社区提供生态农产品，最终形成了与8000多户城市社区居民的良性互动。

因此，通过综合性合作，更有利于生态文化要素走向市场，使其在城乡良性互动中被重新定价。这一方面使农村获得综合发展，另一方面也满足了城市消费者需求，促进了城乡融合发展。

第三节　小农经济市场化发展的建议

根据以上分析，本书提出小农经济市场化发展进一步改革的相关建议。

第一，在坚持当前的农村基本经营制度的基础上，通过发展社区股份合作制、体现社区收益的合作制，以及通过集体经济组织向合作社入股控股等方式，形成嵌入社区的产权结构。探索农户（社员）、中介组织、经营者、社区等各主体的合理利益分配机制，完善社区公益基金的受益和使用制度。

第二，推动以社区为基础的农村经营组织创新，形成"农户＋中介组织＋社区"共同治理的网络化组织模式。鼓励发展"农户＋社区合作社""农户＋社区性企业""农户＋合作社＋社区性企业"等多种形式的农业网络组织模式。鼓励农户与中介组织在多元经营领域展开合作，实现综合收益最大化；由农户、中介组织、社区共同建立社区综合发展组织，在社区全面发展的基础上维持各利益主体之间的稳定合作。

第三，以社区性的合作组织为载体，对内调动农村要素资源，通过股份合作、产权交易等多种形式，活化农村存量资源；对外对接市场或涉农企业，推动农产品"产—加—销"一体化的农产品流通领域的变革；同时，鼓励发展社区合作金融、合作社内置金融，以及以合作社为载体的农业产业链金融等农村金融创新模式。在此基础上，推动农业经营流通方式、农村资源要素的产权交易，以及农村金融等领域的改革。

参考文献

［印］帕萨·达斯古普特等编：《社会资本——一个多角度的观点》，张慧东等译，中国人民大学出版社 2005 年版。

［俄］A. 恰亚诺夫：《农民经济组织》，萧正洪译，中央编译出版社 1996 年版。

［日］速水佑次郎、［美］弗农·拉坦：《农业发展的国际分析：修订扩充版》，郭熙保、张进铭等译，中国社会科学出版社 2000 年版。

［德］韦伯：《支配社会学》，康乐、简惠美译，广西师范大学出版社 2004 年版。

［美］埃里克·弗鲁博顿、［德］鲁道夫·芮切特：《新制度经济学：一个交易费用分析范式》，姜建强、罗长远译，格致出版社、上海三联书店、上海人民出版社 2012 年版。

［美］A. A. 阿尔钦：《产权：一个经典注释》，载［美］R. 科斯、A. 阿尔钦、D. 诺斯等：《财产权利与制度变迁——产权学派与新制度学派译文集》，上海人民出版社 1994 年版。

［美］奥利佛·威廉姆森、斯科特·马斯滕编：《交易成本经济学——经典名篇选读》，李自杰等译，人民出版社 2008 年版。

［美］埃莉诺·奥斯特罗姆：《公共事务的治理之道》，余逊达等译，上海三联书店 2000 年版。

［美］戴维·波普诺：《社会学》（第十版），李强等译，中国人民大学出版社 1999 年版。

［美］德布拉吉·瑞：《发展经济学》，陶然等译，北京大学出版社 2002 年版。

［美］黄宗智：《中国的隐性农业革命》，法律出版社 2010 年版。

［美］林南：《社会资本——关于社会结构与行动的理论》，张磊译，上海人民出版社 2005 年版。

［美］马克·格兰诺维特：《镶嵌：社会网与经济行动》，罗家德译，社会科学文献出版社 2007 年版。

［美］西奥多·W. 舒尔茨：《改造传统农业》，梁小民译，商务印书馆 1999 年版。

［英］弗兰克·艾利思：《农民经济学：农民家庭农业和农业发展》（第二版），胡景北译，上海人民出版社 2006 年版。

［英］卡尔·波兰尼：《大转型：我们时代的政治与经济起源》，冯钢、刘阳译，浙江人民出版社 2007 年版。

《马克思恩格斯选集》第 1 卷，人民出版社 2012 年版。

《马克思恩格斯选集》第 2 卷，人民出版社 2012 年版。

《马克思恩格斯选集》第 3 卷，人民出版社 2012 年版。

《马克思恩格斯选集》第 4 卷，人民出版社 2012 年版。

世界银行：《2008 年世界发展报告：以农业促发展》，胡光宇、赵冰译，清华大学出版社 2008 年版。

安东尼·伯特姆雷：《对造成贷款违约拖欠原因的分析》，《中国农村信用合作》1996 年第 4 期。

崔之元：《美国二十九个洲公司法变革的理论背景》，《经济研究》1996 年第 4 期。

杜晓山：《孟加拉国的乡村银行及对我国的启示》，《中国农村经济》1994 年第 2 期。

杜晓山：《小额信贷的挑战与前景》，《中国金融》2012 年第 11 期。

杜晓山：《中国农村小额信贷的实践尝试》，《中国农村经济》2004 年第 8 期。

费孝通：《乡土中国》，北京出版社 2005 年版。

冯兴元：《合会组织的是与非》，《银行家》2005 年第 8 期。

贺雪峰：《未来农村社会形态："半熟人社会"》，《中国社会科学报》2013 年 4 月 19 日。

胡新艳、沈中旭：《"公司＋农户"型农业产业化组织模式契约治理的个案研究》，《经济纵横》2009 年第 12 期。

黄文胜：《基于不完全契约理论的农村非正规金融履约机制研究》，《生态经济》2010 年第 6 期。

黄晓红：《农户声誉对农村借贷市场中逆向选择的约束研究》，《华东经济管理》2008 年第 1 期。

黄宗智、彭玉生：《三大历史性变迁的交汇与中国小规模农业的前景》，《中国社会科学》2007 年第 4 期。

黄祖辉、郭红东：《"公司加农户"：农业产业化组织的创新——基于新制度经济学层面的分析》，《浙江学刊》1997 年第 4 期。

黄祖辉、王祖锁：《从不完全合约看农业产业化经营的组织方式》，《农业经济问题》

2002 年第 3 期。

孔祥智等：《中国农民专业合作社运行机制与社会效应研究——百社千户调查》，中国农业出版社 2012 年版。

邝梅、赵柯：《我国农村信贷关系的博弈分析》，《中央财经大学学报》2008 年第 7 期。

梁静溪：《不完全订单农业合同的自我履行机制》，《学术交流》2007 年第 6 期。

《梁漱溟全集》第五卷，山东人民出版社 1992 年版。

刘峰、许永辉、何田：《农户联保贷款的制度缺陷与行为扭曲：黑龙江个案》，《金融研究》2006 年第 9 期。

刘凤芹：《不完全合约与履约障碍——以订单农业为例》，《经济研究》2003 年第 4 期。

刘怀宇、李晨婕、温铁军：《"被动闲暇"中的劳动力机会成本及其对粮食生产的影响》，《中国人民大学学报》2008 年第 6 期。

刘秀琴：《原生型农业企业成长过程中社会资本属性的演变特征》，《学术研究》2012 年第 3 期。

罗家德：《社会网分析讲义》（第二版），社会科学文献出版社 2010 年版。

马九杰等：《社会资本与农户经济：信贷融资·风险处置·产业选择·合作行动》，中国农业科学技术出版社 2008 年版。

聂辉华：《声誉、契约与组织》，中国人民大学出版社 2009 年版。

聂辉华：《最优农业契约与中国农业产业化模式》，《经济学（季刊）》2013 年第 1 期。

秦红增、刘佳：《超越村落：文化农民社会资本的扩展及其结构研究》，《中国农业大学学报（社会科学版）》2009 年第 4 期。

邵平：《全产业链金融的创新与发展》，《中国金融》2013 年第 22 期。

生秀东：《订单农业的契约困境和组织形式的演进》，《中国农村经济》2007 年第 12 期。

唐红娟、李树杰：《农户联保贷款的运行机制及其实践分析》，《金融理论与实践》2008 年第 6 期。

王春华、王卫华：《农业订单的不完全性及败德行为分析》，《中国农业大学学报（社会科学版）》2003 年第 4 期。

王慧：《"公司＋农户"契约特点与履约障碍》，《经济视角（B 版）》2005 年第 5 期。

王永钦：《市场互联性、关系型合约与经济转型》，《经济研究》2006 年第 6 期。

温铁军、冯开文：《谨防重蹈旧中国农村破产的覆辙——从工商、金融资本对农村的过量剥夺谈起》，《战略与管理》1999 年第 1 期。

温铁军、杨帅：《"三农"与"三治"》，中国人民大学出版社 2016 年版。

温铁军等：《解读苏南》，苏州大学出版社 2011 年版。

邢桂君、王虹：《建立本土化农业产业链金融模式》，《中国金融》2011 年第 17 期。

徐畅：《"合会"述论》，《近代史研究》1998 年第 2 期。

徐忠爱：《社会资本嵌入：公司和农户间契约稳定性的制度保障》，《财贸经济》2008 年第 7 期。

杨瑞龙、聂辉华：《不完全契约理论：一个综述》，《经济研究》2006 年第 2 期。

杨瑞龙主编：《企业理论：现代观点》，中国人民大学出版社 2005 年版。

杨瑞龙、杨其静：《专用性、专有性与企业制度》，《经济研究》2001 年第 3 期。

杨瑞龙、周业安：《一个关于企业所有权安排的规范性分析框架及其理论含义——兼评张维迎、周其仁及崔之元的一些观点》，《经济研究》1997 年第 1 期。

杨瑞龙、周业安：《企业的利益相关者理论及其应用》，经济科学出版社 2000 年版。

姚开建主编：《经济学说史》，中国人民大学出版社 2003 年版。

叶敬忠、贺聪志：《静寞夕阳——中国农村留守老人》，社会科学文献出版社 2008 年版。

张兵、李丹：《社会资本变迁、农户异质性与融资行为研究——基于江苏 602 个农户的调查分析》，《江海学刊》2013 年第 2 期。

张改清：《中国农村民间金融的内生成长——基于社会资本视角的分析》，《经济经纬》2008 年第 2 期。

张国志：《农牧业产业链金融服务的实证考察——以中国农业银行内蒙古分行为例》，《银行家》2012 年第 11 期。

张沛：《马克思恩格斯关于农业发展模式的探索》，《河北农业大学学报（农林教育版）》2008 年第 4 期。

张其仔：《社会网与基层经济生活——晋江市西滨镇跃进村案例研究》，《社会学研究》1999 年第 3 期。

张其仔：《社会资本论：社会资本与经济增长》，社会科学文献出版社 1997 年版。

张其仔：《新经济社会学》，中国社会科学出版社 2001 年版。

张维迎：《所有制、治理结构及委托—代理关系——兼评崔之元和周其仁的一些观点》，《经济研究》1996 年第 9 期。

张维迎：《博弈论与信息经济学》，上海人民出版社 2004 年版。

赵泉民、李怡：《关系网络与中国乡村社会的合作经济——基于社会资本视角》，《农业经济问题》2007 年第 8 期。

赵岩青、何广文：《农户联保贷款有效性问题研究》，《金融研究》2007 年第 7 期。

郑传贵：《社会资本与农村社区发展——以赣东项村为例》，学林出版社 2007 年版。

郑晓云：《社会资本与农村发展》，中国社会科学出版社 2009 年版。

周浩明、彭明朗：《亚当·斯密的农业发展理论及其启示》，《湘潭大学学报（社会科学版）》1992 年第 1 期。

周红云：《社会资本与中国农村治理改革》，中央编译出版社 2007 年版。

周立：《小农的生存经济状态与农村高利贷的表达与实践》，《三农中国》2006 年第 11 期。

周立：《中国农村金融：市场体系与实践调查》，中国农业科学技术出版社 2010 年版。

周立群、曹利群：《农村经济组织形态的演变与创新——山东省莱阳市农业产业化调查报告》，《经济研究》2001 年第 1 期。

周其仁：《中国农村改革：国家与土地所有权关系的变化》，《中国社会科学季刊》1995 年第 6 期。

周其仁：《市场里的企业：一个人力资本与非人力资本的特别合约》，《经济研究》1996 年第 6 期。

朱凡：《论农户联保贷款制度》，《乡镇经济》2004 年第 4 期。

朱信凯、刘刚：《二元金融体制与农户消费信贷选择——对合会的解释与分析》，《经济研究》2009 年第 2 期。

卓凯：《非正规金融契约治理的微观理论》，《财经研究》2006 年第 8 期。

Aoki M. , H. Patrick, *The Japanese Main Bank Systems*：*Its Relevance for Developing and Transforming Economy*, Oxford University Press, 1994.

Aoki M. , *The Cooperative Game Theory of the Firm*, Oxford：Clarendon Press, 1984.

Avner Greif, "Historical and Comparetive Institutional Analysis：The New Institutional Economics", *The American Economic Review*, Vol. 88, No. 12, 1998.

B. Holmstrom, "Moral Hazard in Teams", *The Bell Journal of Economics*, Vol. 13, No. 2, 1982.

Benjamin Klein, "Transaction Coast Determinants of 'Unfair' Contractual Arrangements", *American Economic Review*, Vol. 70, No. 2, 1980.

Bourdieu P. , "Le Capital Social: Notes Provisoires", *Actes de la Recherche en Sciences Sociales*, Vol. 31, 1980.

Bourdieu P. , *Hand book of Theory and Research for the Sociology of Education*, Greenwood Press, 1985.

Coase R. , "The Nature of the Firm", *Eeonomica*, Vol. 4, 1937.

Coleman J. S. , "Social Capital in the Creation of Hurman Capital", *American Journal of Sociology*, Vol. 94, 1988.

Coleman J. S. , *Foundations of Social Theory*, Boston: Harvard University Press, 1990.

Coleman J. S. , "Social Capital in the Creation of Hurman Capital", *American Journal of Sociology*, Vol. 94, 1988.

Collier Paul, "Social Capital and Poverty", in *Social Capital Initiative Working Paper*, Washington D. C. : World Bank, 1998.

Granovetter Mark, "The Strength of Weak Tie", *American Journal of Socialogy*, Vol. 78, 1973.

Hwang K. K. , "Face and Favor: The Chinese Power Game", *American Journal of Socialogy*, Vol. 92, 1987.

Oliver E. Williamson, *The Mechanism of Covernance*, New York: Oxford University Press, 1996.

Oliver Hart, John Moore, "Incomplete Contracts and Renegotiation", *Econometrica*, Vol. 56, 1988.

Oliver Hart, *Firm, Contract and Financial Structure*, Oxford University Press, 1995.

Putnam R. D. , "The Prosperous Community: Social Capital and Public Life", *The American Prospect*, Vol. 4, No. 13, 1993.

Putnam R. D. , "Bowling Alone: American's Declining Social Capital", *Journal of Democracy*, Vol. 6, 1995.

Putuam R. D. , "Tuning In, Tuning Out: The Strange Disappearance of Social Capital in America", *Political Science and Politics*, Vol. 12, 1995.

Sanford Grossman, Oliver Hart, "The Costs and Benefits of Ownership: A Theory of Vertical and Lateral Integration", *Journal of Political Economy* , Vol. 94, 1986.

责任编辑：孟　雪

封面设计：林芝玉

图书在版编目（CIP）数据

社区网络组织：小农户组织化的路径分析 / 杨帅著. —北京：人民出版社，2020.6

ISBN 978 – 7 – 01 – 021786 – 4

Ⅰ. ①社… Ⅱ. ①杨… Ⅲ. ①农户—经济组织—研究—中国 Ⅳ. ①F325.15

中国版本图书馆 CIP 数据核字（2020）第 005666 号

社区网络组织：小农户组织化的路径分析

SHEQU WANGLUO ZUZHI XIAONONGHU ZUZHIHUA DE LUJING FENXI

杨　帅　著

人 民 出 版 社 出版发行

（100706　北京市东城区隆福寺街 99 号）

中煤（北京）印务有限公司印刷　新华书店经销

2020 年 6 月第 1 版　2020 年 6 月北京第 1 次印刷

开本：710 毫米 × 1000 毫米 1/16　印张：14.75

字数：210 千字

ISBN 978 – 7 – 01 – 021786 – 4　定价：46.00 元

邮购地址　100706　北京市东城区隆福寺街 99 号

人民东方图书销售中心　电话（010）65250042　65289539

版权所有·侵权必究

凡购买本社图书，如有印制质量问题，我社负责调换。

服务电话：（010）65250042